LA PUISSANCE DU LANGAGE CORPOREL

Maîtrisez les Secrets de la Communication Non Verbale. Comment Analyser les Comportements des Gens, Détecter les Mensonges et Améliorer vos Compétences Relationnelles.

Gerard Shaw

Dans cet ouvrage, l'utilisation du genre masculin a été adoptée afin de faciliter la lecture et n'a aucune intention discriminatoire.

TABLE DES MATIÈRES

INTRODUCTION

Aimeriez-vous influencer les gens et créer des liens plus profonds avec eux ? Peut-être connaissez-vous un ami qui semble toujours lire une salle avec justesse ou qui sait ce que les gens pensent autour de lui. Vous souhaitez parler en public ou faire des présentations, mais vous craignez que votre nervosité ne soit trop évidente ?

Avez-vous de bonnes idées, mais ne parvenez pas à les transmettre avec conviction ? C'est peut-être parce que votre langage corporel envoie un message contradictoire à vos interlocuteurs. Ou peut-être que leur langage corporel vous révèle un message que vous n'arrivez pas à comprendre. Avez-vous remarqué ce qu'ils essayaient de vous « communiquer » sans vraiment vous parler ?

Si vous êtes confronté à l'une de ces questions ci-dessus, ce guide vous aidera à résoudre ces problèmes. Vous apprendrez comment définir le langage corporel et de quelles façons l'utiliser. Mais surtout, vous y trouverez des informations que vous pourrez mettre en pratique dans votre vie quotidienne : comment lire ce qu'une autre personne vous transmet avec son corps et comment transmettre des informations avec votre propre corps. Pour obtenir les résultats que vous souhaitez, il suffit de vous exercer à la communication non verbale.

Vous êtes-vous déjà regardé dans une glace en vous disant : « *Bon sang, je suis bien habillé aujourd'hui !* » Portiez-vous un habit pour un événement quelconque ? Je me souviens d'une soirée à laquelle j'ai assisté à la sortie de l'université. À l'époque, je m'étais offert une moto et je m'étais présenté avec mon équipement de *biker*. Je paraissais *cool*. Et je me souviens que les gens se retournaient pour me regarder tout au long de la soirée — ils m'ont remarqué, ils m'ont prêté attention. Ce n'est pas que je m'étais soudainement transformé en un personnage à la James Dean avec ma veste en cuir. Mais je me sentais en confiance, et c'est à cette attitude que les gens réagissaient. J'étais entré dans la pièce la tête haute.

Le plus intéressant, c'est que nul n'a besoin de porter de nouveaux vêtements. Vous n'avez même pas à vous sentir en confiance. Il vous suffit de projeter de l'assurance pour que les gens vous remarquent et vous prêtent attention. Vous n'êtes peut-être pas une personne extravertie, mais vous aimeriez que votre patron vous remarque davantage au travail. Ou encore, vous devez effectuer une présentation et vous voudriez que les gens vous prêtent attention.

Vous souhaitez connaître ces secrets ? J'ai conçu ce livre parce que j'ai appris à utiliser mon propre langage corporel avec d'excellents résultats. J'ai combiné mon expérience personnelle avec la science et des données éprouvées, que je partage avec vous dans ce livre. J'ai amélioré mes capacités à développer des relations étroites avec les gens. Celles-ci m'ont permis d'établir un incroyable réseau relationnel, tant dans ma vie personnelle que professionnelle. Ma communication efficace m'a également apporté un flux constant de nouvelles occasions d'affaires.

La connaissance du langage corporel et la façon de l'utiliser sont étayées par des études scientifiques. Je n'aborderai pas les aspects théoriques en profondeur, car cela ne mène pas concrètement au succès escompté (je laisse les doctorants s'occuper de la théorie.) En revanche, j'ai rédigé un livre qui regorge de conseils tangibles. Une fois que vous aurez assimilé ces connaissances, vous pourrez les appliquer à l'aide des techniques que je vous propose dans ce guide.

Je suis fasciné par les avantages de la communication non verbale et je crois fermement que la maîtrise des signaux non verbaux peut améliorer votre vie. Et ce n'est pas que moi ! J'ai recueilli les témoignages d'autres personnes et j'ai vu la transformation qui s'opère lorsque les gens apprennent à « communiquer » de manière non verbale. Les personnes qui ont appliqué les connaissances contenues dans ce livre ont acquis un tout nouveau vocabulaire qu'elles ne possédaient pas auparavant. Elles projettent la confiance et le succès non seulement sur le plan professionnel, mais aussi dans tous les aspects de leur vie. Nous sommes tous avantagés lorsque nos messages sont transmis avec exactitude et qu'il y a moins de malentendus.

En lisant ce livre et en appliquant les mesures réalisables, vous pourrez devenir plus performant de jour en jour. J'ai rassemblé une mine d'informations qui vous aideront à améliorer vos compétences en matière de communication, ainsi que votre style et votre sens des relations humaines. Se présenter auprès des gens, même ceux que vous ne connaissez pas, ne devrait pas être une épreuve difficile !

En effet, l'objectif de ce livre est de permettre à tous ceux qui le souhaitent de progresser dans tous les domaines de leur vie, qu'il s'agisse de leurs relations, de leur carrière professionnelle ou tout simplement d'atteindre les objectifs qu'ils se sont fixés. De nombreux jeunes adultes s'appuient sur les courriers électroniques et les médias sociaux pour entretenir des relations. Cependant, la vie exige que vous vous présentiez physiquement. Dans la société d'aujourd'hui, la survie ne dépend pas seulement des mots que vous utilisez. Il s'agit aussi de la manière dont vous transmettez votre message lorsque vous vous adressez à d'autres personnes.

Les mots ne sont qu'une partie de ce que vous exprimez. Votre corps y contribue également. En fait, la plupart des communications en personne se font par l'intermédiaire de vos sens visuels, et non auditifs. Les techniques présentées dans ce livre vous apprendront à bouger (ou à ne pas bouger !) en fonction de ce que vous voulez transmettre. Lorsque vous choisirez de vous asseoir plus près de quelqu'un, vous saurez exactement ce que vous lui communiquez. Lorsque vous croiserez les bras, le message que vous enverrez sera délibéré.

Vous apprendrez à lire les gens, car la lecture du langage corporel est une compétence qui s'apprend, tout comme la capacité à lire ou à rouler à bicyclette. Et tout comme la bicyclette, plus vous vous entraînerez, plus vous vous améliorerez. Si votre interlocuteur croise les bras, vous saurez ce qu'il essaie de vous communiquer !

Une fois que vous commencerez à prendre des mesures, vous constaterez une amélioration de votre capacité à communiquer non seulement avec autrui, mais aussi avec vous-même. Certains indices non verbaux produisent des boucles de rétroaction positives lorsque vous les utilisez. Vous découvrirez comment vous pouvez « feindre » jusqu'à ce que vous réussissiez. Par exemple, plus vous vous servirez de votre corps pour exprimer votre confiance, plus vous vous sentirez sûr de vous. Les gens remarqueront ce comportement et vous répondront positivement, ce qui vous rendra plus confiant ! Si vous utilisez le langage corporel, ne serait-ce que pour améliorer votre attitude, vous serez étonné des résultats.

Que faire pour devenir plus charismatique ou vous démarquer dans une salle ? Développez-vous des contacts intéressants ? Comment parlez-vous en public pour que votre auditoire en redemande ? Tout d'abord, j'aborderai la science derrière le langage corporel — comment l'information voyage-t-elle depuis ce que vous voyez, entendez, sentez, goûtez et touchez jusqu'à votre cerveau, et comment ce dernier déclenche-t-il la libération de substances chimiques, à la fois des neurotransmetteurs et des hormones, qui ont des effets variés sur votre corps ?

Une fois que vous aurez appris comment le corps est relié au cerveau et vice versa, je vous expliquerai comment le langage corporel vous indique certains états d'âme et certaines émotions. Vous découvrirez les secrets du contrôle de vos propres réactions. Ensuite, vous serez capable de lire dans les réactions de votre entourage. Quelles sont les parties du corps les plus communicatives et par où commencer à « décoder » ? Que devez-vous observer chez les gens afin de comprendre le message qu'ils vous transmettent ?

À ce stade, vous aurez acquis de solides connaissances sur le langage corporel en général. Ensuite, vous apprendrez à créer des présentations attrayantes, à déceler le mensonge chez les gens, à devenir charismatique et à établir des relations fructueuses.

Enfin, vous trouverez des conseils et des astuces pour un usage quotidien. Le langage corporel est une compétence à exercer ou à perdre. Votre capacité à communiquer sans utiliser les mots s'améliore au fur et à mesure que vous y travaillez, mais dès que vous cessez de l'exercer, vous perdez progressivement cette capacité. Il ne s'agit pas d'une compétence que l'on effleure brièvement et que l'on oublie ensuite. Heureusement, ces étapes ne nécessitent pas une réflexion intellectuelle poussée, une méditation profonde ou tout autre processus de longue haleine. La communication non verbale est une habitude que vous conserverez toute votre vie, et ce n'est pas une méthode qui fonctionne mieux lorsque vous la retardez.

Si vous pouviez l'appliquer dès maintenant, vous pourriez vous ouvrir à de nouvelles occasions. Vous établirez des liens avec d'autres personnes, voire avec un public entier, d'une manière honnête et profonde… à l'instant même.

Vous voulez changer votre vie positivement ? Dans ce cas, vous devez passer à l'action. Si vous continuez à faire ce que vous avez toujours fait, vous obtiendrez ce que vous avez toujours obtenu. Comme l'a déclaré Einstein, « la définition de la folie est de faire la même chose encore et encore, et de s'attendre à obtenir un résultat différent ».

Il n'est pas nécessaire de changer complètement de vie ou d'emploi du temps ni de revoir tout ce que vous entreprenez du matin au soir. Cependant, vous devrez probablement effectuer quelques ajustements dans vos mouvements et vous entraîner à observer votre entourage pour déceler les messages transmis sans paroles. Or, pour saisir ces occasions et évoluer, il faut prendre les mesures qui s'imposent.

Les mots sont importants. Les mots justes sont essentiels. Néanmoins, laissez votre corps participer à cet effort en exprimant votre message de manière non verbale.

Alors, poursuivez votre lecture. Découvrez les étapes à suivre… et passez à l'action.

CHAPITRE UN
La Science du Langage Corporel

Vous en avez probablement entendu parler, mais vous vous demandez sans doute ce qu'est le langage corporel. Il s'agit d'une conversation sans paroles qui s'appuie sur les expressions du visage et les gestes physiques. Les composantes du langage corporel comprennent également le ton de la voix, la posture, le volume, le débit de parole, le contact visuel et d'autres caractéristiques. La communication non verbale est souvent bien plus importante que les mots que vous prononcez pour transmettre votre message.

Vous n'avez probablement pas accordé beaucoup d'attention au langage corporel jusqu'à présent, ce qui n'est pas un problème. Mais, vous avez certainement déjà remarqué quelques exemples extrêmes.

Imaginez que vous regardiez une personne qui a la tête baissée. Elle est avachie, les épaules affaissées et ne vous regarde pas dans les yeux. La croiriez-vous si elle vous disait d'un ton monocorde : « Je suis tellement heureuse en ce moment » ? Bien sûr que non. La façon dont elle s'exprime physiquement n'est pas celle d'une personne comblée.

À l'inverse, imaginez une personne qui se tient droite, qui vous regarde dans les yeux et qui vous serre fermement la main en souriant. La croiriez-vous si elle vous disait : «Je suis tellement heureuse en ce moment»? Probablement, car son langage corporel a un effet convaincant.

Le langage corporel et verbal est nécessaire pour communiquer. Nous apprenons à parler à l'école, avec nos parents, ou peut-être même grâce au cinéma et à la télévision. En revanche, nous n'apprenons pas suffisamment à nous servir de notre corps pour nous permettre de préciser ce que nous voulons exprimer.

Or, le langage corporel n'a pas pour but de changer votre personnalité ou devenir une autre personne! Il s'agit d'améliorer votre capacité à communiquer et à développer vos compétences sociales. Le langage corporel n'est pas une science exacte, car il est basé sur le comportement humain et les individus ne réagissent pas tous de la même manière dans une même situation.

C'est à la fois une question de nature et d'éducation. Nous avons évolué avec certains aspects du langage corporel qui sont presque des réflexes par nature. Ce sont des comportements dont vous n'avez peut-être même pas conscience lorsqu'ils se manifestent. D'autres comportements sont enseignés par la culture et peuvent donc différer d'un pays à l'autre.

La communication non verbale est apparue avant la parole et, par conséquent, certains de ces comportements seront toujours présents. Il suffit de penser aux animaux et à la façon dont ils expriment certaines informations les uns aux autres sans se «parler». Charles Darwin a lancé l'étude scientifique de la communication non verbale entre les humains et les autres animaux, et une grande partie de la science subséquente repose sur ces fondements.

La Neuroscience au Service du Langage Corporel

Le cerveau contrôle les mouvements du corps, qu'ils soient volontaires ou involontaires. Les humains disposent d'un système nerveux central composé des nerfs de la moelle épinière jusqu'au cerveau. Nous avons également des nerfs périphériques situés partout ailleurs dans le corps qui reçoivent des signaux et les transmettent. Par exemple, lorsque votre nez sent une fleur, les nerfs périphériques concernés envoient des signaux à la moelle épinière. Ces signaux sont de nature électrique ou chimique. Ceux-ci sont ensuite transmis par la moelle épinière aux centres de traitement sensoriel du cerveau et, le cas échéant, à d'autres zones fonctionnelles.

Une partie du système nerveux central est constituée du système nerveux autonome, qui n'est pas contrôlé par la conscience. Ce système régule des éléments tels que la respiration, les battements du cœur et la libération des réserves d'énergie des muscles. Il se compose de deux parties qui travaillent en opposition et se maintiennent l'une et l'autre en équilibre.

Le système sympathique augmente la stimulation et l'activation. Il libère des substances chimiques qui accélèrent la respiration et élargissent les vaisseaux sanguins, réduisant ainsi le flux sanguin vers les parties du corps qui n'en ont pas besoin dans un état de vigilance accrue, comme le système digestif. Son opposé, le système parasympathique, entre en jeu pendant le repos et la relaxation : la respiration ralentit, le système digestif est stimulé, etc.

Le cerveau humain comprend également le cortex préfrontal, qui contrôle la prise de décision, le raisonnement et d'autres comportements complexes. Lorsqu'une action doit être entreprise, le cerveau transmet cette intention aux neurones moteurs du système périphérique. Ces nerfs signalent ensuite aux muscles appropriés de passer à l'action.

Il est évident que ce processus requiert moins de temps à réaliser qu'à décrire! Certaines actions n'ont même pas besoin de remonter jusqu'au cerveau. Lorsqu'un nerf de réflexe est stimulé (cuisinière chaude!), les neurones moteurs nécessaires sont activés (tirez votre main vers l'arrière).

Le cortex préfrontal est propre à notre espèce. Les autres animaux n'en sont pas dotés. Nous avons cependant certaines parties du cerveau en commun avec d'autres animaux. Vous avez sans doute déjà vu ces parties appelées « cerveau de lézard » ou « cerveau reptilien ». La partie la plus ancienne du cerveau est responsable du réflexe de « lutte ou de fuite », et lorsque cette partie est active, le cortex préfrontal est inactif.

En effet, nous avons évolué dans la savane africaine aux côtés d'animaux sauvages qui pouvaient nous tuer. Les individus qui ont survécu sont ceux qui ont fui lorsqu'ils apercevaient des lions parce que leur réflexe de « lutte ou de fuite » s'activait, et non ceux dont le cortex préfrontal les ralentissait pour s'interroger sur l'action à entreprendre! Alors, comment se produit ce réflexe de « lutte ou de fuite » ?

Croyez-le ou non, il s'agit d'un réflexe chimique et électrique dans le cerveau. Lorsque les nerfs se connectent les uns aux autres par le biais de signaux électriques, ils libèrent des substances chimiques appelées neurotransmetteurs. Ceux-ci peuvent soit exciter le nerf qui suit (« action »), soit l'inhiber (« arrêt »). Ce système détermine quels messages continuent à circuler dans l'organisme.

Les neurotransmetteurs se présentent sous plusieurs formes. Outre les interrupteurs « action/arrêt », ils peuvent également affecter l'humeur et le comportement. Pour préparer le corps à l'action, il existe deux types de neurotransmetteurs : la norépinéphrine (aussi appelée noradrénaline) et l'adrénaline (épinéphrine). La norépinéphrine augmente la vigilance et est à son niveau le plus bas dans le corps pendant le sommeil. Elle concentre l'attention et accélère le rythme cardiaque. Elle est également responsable de l'anxiété et de la nervosité. L'adrénaline augmente également le rythme cardiaque et accélère le flux sanguin vers les muscles. Elle est également associée à l'anxiété, à la transpiration et aux tremblements.

Parmi les transmetteurs de plaisir, on trouve la dopamine et la sérotonine. Les neurones libèrent de la dopamine lorsque vous éprouvez du plaisir et de l'excitation. Cette substance incite votre corps à faire davantage ce qui vous a procuré du plaisir. Comme on le voit avec les dépendances, ce n'est pas toujours souhaitable ! Quant à la sérotonine, elle est utilisée par l'organisme pour réguler l'humeur et le sommeil, et pour lutter contre la dépression.

Les hormones sont semblables aux neurotransmetteurs. Mais, au lieu de relayer l'information entre les nerfs, elles agissent dans la circulation sanguine. Certaines substances chimiques, comme l'adrénaline, peuvent être à la fois des hormones et des neurotransmetteurs. L'adrénaline et l'hormone cortisol sont libérées lorsque le cerveau veut être en état de vigilance. Parmi les autres hormones, citons l'ocytocine, qui favorise les liens affectifs chez les humains, les androgènes, dont la testostérone, qui stimulent la croissance des hommes, et les œstrogènes, comme l'œstradiol, qui influencent la croissance des femmes.

Les neurotransmetteurs jouent un rôle important dans la régulation des émotions et des sentiments. La sérotonine, par exemple, peut atténuer la colère et la violence. Vous devrez être en mesure de vous abstenir d'agir sous l'effet de vos émotions si vous désirez transmettre les bons signaux dans le cadre de votre communication non verbale.

Veillez également à ce que vos émotions n'entravent pas le message que votre interlocuteur essaie de vous transmettre !

Tous ces systèmes et substances chimiques influencent votre langage corporel. Votre cerveau détecte une menace et envoie des signaux qui mettent votre corps en état d'alerte. Cependant, la partie de votre cerveau responsable du réflexe de « lutte ou de fuite » ne peut pas différencier la menace d'un tigre de celle d'une présentation en public. Dans les deux situations, vous aurez la même libération chimique d'adrénaline et de cortisol, qui accéléreront votre cœur et vous rendront nerveux, notamment. Nous verrons plus loin dans ce livre ce que vous pouvez faire pour atténuer le niveau de menace et vous permettre d'être charismatique et confiant au lieu d'être craintif.

Apprendre le Langage Corporel

Il y a des aspects de l'être humain que l'on ne peut pas changer. Lorsque vous êtes anxieux, certaines réactions chimiques se produisent. Toutefois, les êtres humains (et les animaux) peuvent être conditionnés ou entraînés à associer un stimulus à une réaction.

Par exemple, vous avez probablement déjà entendu parler du chien de Pavlov. Dans ses expériences, Pavlov a conditionné des chiens à associer la nourriture au son d'une cloche. Au fil du temps, chaque fois que les chiens entendaient cette cloche, ils commençaient à saliver.

Ce comportement a un fondement biologique. Les chiens salivent lorsqu'il est temps de manger. Ainsi, le conditionnement classique repose sur une base biologique, que ce soit avec des chiens ou avec des êtres humains. Tout au long de leur vie, les gens sont conditionnés, bien souvent sans le savoir. Nous sommes biologiquement entraînés à être vigilants en cas de menace. Par exemple, la couleur rouge est employée pour signaler un danger de différentes manières. Lorsque nous apercevons du rouge, nous nous plaçons souvent en état d'alerte, sans en être conscients.

Cependant, les gens peuvent aussi acquérir des connaissances sans fondement biologique. Ce processus est connu sous le nom de conditionnement opérant ou apprentissage par expérience. Il ne s'agit pas nécessairement de votre propre expérience, bien qu'elle soit souvent la meilleure enseignante ! Vous pouvez vous inspirer de ce qu'une autre personne a fait ou de ce que vous avez lu, car le cerveau humain utilise des raccourcis pour faciliter le travail. Ces différents types d'apprentissage et de conditionnement affectent le langage corporel.

Ils peuvent également contribuer à changer vos habitudes. Vous voulez améliorer votre langage corporel ? Vous devez l'apprendre. Le meilleur moyen d'y parvenir est de démontrer à votre cerveau que les nouveaux comportements s'accompagnent de renforcements positifs. Mais d'abord, vous devez savoir d'où proviennent vos habitudes. Ensuite, vous pourrez les contrôler. La reprogrammation de votre langage corporel doit être effectuée de manière cohérente pour qu'elle soit durable.

Les Composantes Physiques du Langage Corporel

Il existe quatre principaux communicateurs dans notre corps qui permettent à d'autres personnes de savoir ce que nous ressentons, indépendamment de ce que nous disons réellement. Pour vous assurer que votre message est bien compris, vous devez contrôler ces parties du corps et veiller à ce qu'elles « expriment » ce que vous souhaitez communiquer. La conscience de votre corps est la première étape pour améliorer votre communication non verbale. Que révèle-t-il en ce moment et que souhaiteriez-vous qu'il exprime ?

1. *Votre Tête – il ne s'agit pas seulement de votre visage !*

Votre cuir chevelu peut fournir des indices sur votre état d'esprit. Vous n'avez pas eu le temps de vous brosser les cheveux ? Alors, vous aurez une allure négligée. Les personnes chauves doivent prêter attention à leurs sourcils, qui sont plus proéminents lorsqu'il n'y a pas de ligne de démarcation de cheveux. Par conséquent, votre tête vous permet de vous exprimer, mais vous devez le faire de manière consciente.

De petits mouvements autour des yeux et de la bouche, appelés micro-expressions, sont susceptibles de vous trahir. Que vous soyez effrayé ou malhonnête, ces zones pourraient en informer vos interlocuteurs. Vous devez apprendre à les contrôler, et heureusement, vous pourrez y arriver.

Il n'est pas poli de regarder fixement une personne ou d'éviter son contact visuel, car cela envoie le message que vous ne vous intéressez pas à elle d'une manière amicale. Il est donc important d'établir un contact visuel approprié.

Votre menton et votre cou donnent également des indications. Le fait d'avancer le menton vous donne l'air plutôt entêté. La plupart des gens souhaitent améliorer leur langage corporel pour se rendre plus sympathiques, ce qui leur ouvrira de nouvelles perspectives et leur permettra de se faire de nouveaux amis. Ce n'est pas en ayant l'air têtu que vous y parviendrez !

Une personne équilibrée tient son cou droit sans s'affaisser vers le sol et ne lève pas son visage vers le plafond. L'une ou l'autre de ces postures envoie un message de désintérêt ou de manque de confiance.

2. Le Torse – y compris les mains et les bras

Certains messages du langage corporel ont une signification différente selon le contexte. Vous devez en être conscient lorsque vous « communiquez », mais aussi lorsque vous lisez les gens. Si vous voulez attirer la sympathie, affaissez un peu vos épaules. Mais si vous êtes toujours affaissé, cette attitude sera interprétée comme un manque de confiance. Se tenir droit, les épaules vers l'arrière, est la posture d'une personne heureuse et confiante.

Les bras peuvent être très expressifs ! Si vous les agitez, vous semblerez nerveux ou ennuyé. Les bras croisés sur le torse ? Vous paraîtrez en colère et sur la défensive. Les mains sur les hanches vous donneront l'air arrogant. Mais cette posture peut aussi vous donner plus d'assurance. Vous pourriez donc adopter celle-ci en toute discrétion lorsque vous avez besoin d'un petit regain de confiance.

Lorsque vous êtes assis, le moyen le plus simple d'adopter une expression neutre avec vos mains est de les plier doucement sur vos genoux. Les paumes vers le haut représentent une pose de supplication.

3. Les Jambes – comment les positionner

Lorsque vous êtes assis, si vos jambes sont étroitement croisées, cela vous donnera l'impression d'être fermé. Une posture ouverte peut être accueillante, mais ne vous étendez pas au point de paraître négligé ! Et si vous êtes un homme, évitez de vous allonger et d'occuper trop d'espace en public.

Les personnes qui portent une jupe doivent être attentives à la façon dont elles s'assoient. Si vous vous inquiétez du fait que votre jupe est trop courte, les gens autour de vous s'en inquièteront également. La solution : Ne portez pas de jupe trop courte lorsque vous souhaitez faire bonne impression. Il est plus simple de porter une jupe plus longue que de s'inquiéter constamment si une partie de votre corps est exposée. Les vêtements ne devraient pas provoquer de gesticulations.

Êtes-vous nerveux ou anxieux en général ? Vous le manifestez souvent en remuant les jambes (que vous le souhaitiez ou non !). Le fait de croiser les jambes au niveau des chevilles est une posture neutre, tout comme la suggestion des mains sur les genoux (en supposant que la longueur des vêtements soit appropriée).

4. *Les Pieds*

Devez-vous vous rendre quelque part ? Vous êtes probablement en train de taper du pied, mais cela peut paraître impoli. Un pas régulier vous donne l'air assuré. Même si vous ne vous sentez pas en confiance, vous pouvez tout de même adopter une démarche qui en a l'air. Plantez et soulevez vos pieds au fur et à mesure que vous avancez.

Si vous trébuchez, si vous traînez vos pieds ou si vous ne vous déplacez pas en adoptant une posture adéquate, vous risquez de paraître effrayé ou même louche.

Résumé du Chapitre

- Le langage corporel ajoute ou nuit à votre discours, en fonction de la manière dont vous l'utilisez.
- Les mouvements sont contrôlés par le cerveau, par l'intermédiaire des nerfs, des neurones, des neurotransmetteurs et des hormones.
- Si certains de nos mouvements sont inconscients, d'autres sont conscients et nous pouvons apprendre à les contrôler.
- De nouvelles habitudes, comme celle du langage corporel, peuvent être acquises par l'expérience.
- Quatre zones du corps sont essentielles à la communication non verbale : la tête, le torse, les jambes et les pieds.

Dans le prochain chapitre, vous découvrirez le processus de base de la communication, les obstacles qui s'y opposent et la façon dont le langage corporel y contribue.

CHAPITRE DEUX
Transmission et Réception du Message

Le processus de communication n'est pas aussi simple que le fait de parler à une autre personne. Un employé consacre environ trois quarts de son temps à des situations interpersonnelles sur son lieu de travail, et il arrive souvent qu'il y ait une mauvaise communication d'un côté ou une mauvaise interprétation de l'autre. Imaginez la proportion du message qui se perd dans chaque conversation ! Et si 75 % de la vie professionnelle se déroule ainsi, combien de temps et de productivité sont-ils perdus ?

Une personne doit choisir le message qu'elle veut transmettre. Ensuite, elle sélectionne les mots, le ton et la manière dont elle l'exprime. Ces étapes peuvent être exécutées avec clarté, ou pas.

Certains de ces choix ne sont pas toujours entièrement conscients. Vous est-il déjà arrivé d'ouvrir la bouche pour exprimer une idée, mais d'en prononcer une autre à la place ?

Par ailleurs, les messages sont généralement empreints des émotions, de l'humeur et des sentiments du locuteur à l'égard de la conversation et des personnes qui y participent, ou même de celles qui sont liées à cette conversation. Le locuteur peut être en colère à propos de certains événements qui se sont produits plus tôt et qui affectent la conversation dans un tout autre contexte.

Quant au destinataire, il doit décoder le message — non seulement les mots, mais aussi le contexte, le ton de la voix, les gestes et les expressions. Par conséquent, l'interprétation est parfois très différente de l'intention de l'orateur! L'auditeur peut déduire des émotions et des sentiments contradictoires ou considérer les mots sous un angle différent. Il est également influencé par son humeur et ses émotions, qui peuvent être liées ou non à la conversation en cours.

De même, les conversations ne se déroulent pas uniquement entre des individus. Nous communiquons également avec des groupes de personnes ou un public. Les membres de l'auditoire ou du groupe peuvent, eux aussi, interpréter les propos de l'orateur différemment.

Une mairesse d'une ville des États-Unis dit régulièrement, et de façon très rapide, « Compris », en réponse à ses concitoyens qui lui exposent leurs problèmes. Cette formule peut avoir des connotations différentes, si bien que son intention n'est pas toujours claire. En fonction de son débit de parole habituel, sa réponse peut être interprétée comme une attitude négligente ou tout simplement comme sa manière de parler (il s'avère qu'elle parle rapidement).

Veut-elle dire : « J'ai compris, je ne suis pas idiote, alors cessez de parler » ? Ou « J'ai compris, je saisis bien ce que vous dites, je vais le rapporter à mon bureau et y travailler » ? Ou « J'ai compris, je n'ai plus besoin d'explication, taisez-vous » ? Ou « J'ai compris, c'est un problème qui a été soulevé à plusieurs reprises, mais nous n'avons pas encore trouvé de solution » ?

Si vous vous sentez agacé et non écouté, vous pourriez croire que c'est la première réponse qu'elle vous donne. Si vous la respectez et savez qu'elle travaille activement pour les citoyens de sa ville, vous interpréterez probablement son message comme étant le dernier. Lorsque vous connaîtrez les bases du langage corporel (au chapitre 3), vous serez en mesure de relier sa communication non verbale à ce qu'elle veut transmettre.

En d'autres termes, la situation peut facilement se dégrader. Le message risque de ne pas être reçu comme prévu, voire de ne pas être reçu du tout. Par exemple, la mairesse peut avoir déclaré : « Compris », parce qu'elle est maintenant consciente du problème et qu'elle va demander à son personnel de s'en occuper. Mais vous auriez pu l'interpréter comme étant : « Tais-toi, pauvre paysan ! ».

Les indices non verbaux permettent au destinataire de décoder le message ou le conduisent à une conclusion complètement différente. C'est pourquoi il est important d'être conscient de ce que vous exprimez, à la fois verbalement ou non, pour transmettre le message que vous souhaitez communiquer. Soyez également attentif à la signification des signaux que vous recevez, afin de mieux comprendre ce que les gens cherchent à vous communiquer.

Obstacles à la Communication

Lorsque des individus se parlent, plusieurs obstacles doivent être surmontés pour que le message soit efficace, en particulier lorsqu'il s'agit d'individus qui ne se connaissent guère. Ces difficultés peuvent se produire au sein d'une même culture. Ainsi, un individu originaire du sud de Londres pourrait ne rien comprendre à un autre individu originaire du même endroit, même s'ils partagent la même culture. Par conséquent, vous ne pouvez pas supposer que la personne qui vous écoute comprendra ce que vous dites simplement parce que vous avez reçu la même éducation.

1. Le Langage

Il n'y a pas deux personnes qui perçoivent les mots de la même manière. Par exemple, si quelqu'un parle de la « couleur rouge », les gens qui l'écoutent auront des images uniques à l'esprit en ce qui concerne cette couleur. Pour certains, il s'agira d'un rouge aux tons chauds. Pour d'autres, un bleu-rouge. La couleur peut être plus claire ou plus foncée d'une personne à l'autre.

Dans le cas de la parole, il y a de nombreuses possibilités d'interprétation, et rien ne garantit que le destinataire interprétera les mots de la manière dont l'expéditeur les a formulés. Un orateur pourrait essayer d'être aussi descriptif que possible en disant, par exemple, « rouge pompier ». Dans ce cas, les gens dont les pompiers locaux sont équipés de camions rouges auront probablement une couleur similaire à celle voulue par l'orateur. Cependant, ceux qui sont originaires d'endroits où les camions sont jaunes, blancs ou d'une autre couleur ne le comprendront pas.

2. Le Biais de Perception

Nous sommes très sollicités ! Nous recevons en permanence une multitude d'informations que nous devons filtrer et évaluer. Notre cerveau utilise donc des raccourcis ou des règles empiriques pour une grande partie de ces informations, afin de réduire la quantité de travail qu'il doit accomplir.

C'est là que l'on retrouve les stéréotypes, les prophéties autoréalisatrices et les projections. Par exemple, vous pourriez stéréotyper les femmes comme n'étant pas intéressées par les sciences. Dans ce cas, lorsque vous parlerez d'un sujet scientifique à une femme, vous supposerez qu'elle n'y connaît rien. Vous pourriez finir par lui expliquer quelques notions qu'elle connaît déjà, surtout si la femme en question travaille dans ce domaine.

3. *Les Relations*

Toute expérience passée avec un individu influencera la manière dont vous interpréterez son message. S'il vous a paru arrogant la première fois que vous l'avez rencontré, vous l'identifierez comme telle la fois suivante, même s'il n'est pas arrogant sur le moment. Si vous le considérez comme malhonnête ou non digne de confiance, vous ne percevrez probablement pas son message comme il aurait dû l'être. Nous sommes plus enclins à accorder le bénéfice du doute à une personne qui, selon nous, nous a bien considérés par le passé.

Dans le cadre professionnel, les différences hiérarchiques créent également des obstacles. Un employé peut interpréter la réponse « Compris » de son patron très différemment de celle d'un collègue qui dirait le même message. La personne qui parle suppose que ses auditeurs ont les mêmes hypothèses qu'elle, ce qui n'est probablement pas le cas au sein d'une main-d'œuvre nombreuse et diversifiée.

4. *Les Différences Culturelles*

Lorsque l'on s'adresse à une personne issue d'un milieu culturel différent, il est très facile de confondre son message, surtout si l'autre culture ne nous est pas familière. De nombreux gestes sont considérés comme polis dans une culture et ne le sont pas dans une autre. Ou vice versa.

Parmi ces différences figurent les perceptions de la vie privée, du temps et de l'espace personnel. Certaines cultures ont tendance à considérer la ponctualité comme une vertu et le retard comme un manque de respect. D'autres cultures accordent plus d'importance aux relations et acceptent les retards à un événement parce que les participants profitent d'un autre événement.

De même, certaines cultures, en particulier celles d'origine européenne, exigent une plus grande distance entre deux personnes qui interagissent (espace personnel). Dans d'autres cultures, les personnes peuvent se tenir beaucoup plus près, non pas pour porter atteinte à leur vie privée, mais parce qu'elles ont l'habitude d'être plus proches lorsqu'elles se parlent.

Communication Non Verbale

La communication entre les personnes est non verbale jusqu'à 90 %. Malheureusement, les messages verbaux et non verbaux sont souvent contradictoires. L'auditeur doit déterminer lequel est le plus susceptible d'être sincère, en plus d'interpréter les mots utilisés. La plupart des gens supposent que le langage corporel est le « véritable » langage et qu'il reflète ce que l'orateur ressent, plutôt que le langage verbal.

Or, il est difficile de faire confiance ou d'accorder le bénéfice du doute à quelqu'un qui envoie des messages contradictoires. La différence entre ce que la personne dit avec des mots et ce qu'elle dit avec son corps suggère qu'elle a peut-être quelque chose à cacher. Elle brouille le message proprement dit. Même si un orateur n'a rien à cacher, le public ne saurait toujours pas ce qu'il veut exprimer. La transmission d'un message clair, celui que vous voulez communiquer, dépend du langage corporel qui soutient le discours.

La communication non verbale comporte quatre composantes : visuelle, tactile, vocale et spatiale.

Les indices visuels comprennent les expressions faciales, la posture et les gestes. Ils sont essentiels à la communication entre les humains. Nous avons évolué pour être attirés par les visages des gens. Les émotions sont moins susceptibles d'être exprimées verbalement et plus probablement manifestées par des expressions faciales ou d'autres signaux du langage corporel. D'ailleurs, les émotions existent depuis plus longtemps que le langage !

La posture est révélatrice de l'humeur et de l'émotion. Contrairement à d'autres signaux non verbaux, les indices de posture sont assez similaires d'une culture à l'autre et d'une ethnie à l'autre. Une posture forte, avec les épaules vers l'arrière et la tête haute, démontre de l'assurance. S'avachir, regarder vers le sol, se couvrir l'entrejambe avec les mains (posture de la feuille de vigne) : voilà une personne qui n'est ni heureuse ni sûre d'elle. L'humeur réelle peut varier de la défensive à la nervosité, en passant par la fourberie.

Les gestes sont également essentiels à la communication. Vous pouvez utiliser vos mains pour souligner un point ou tourner les paumes vers le haut pour montrer que vous n'êtes pas sûr de ce que vous avancez. Il est très facile de se méprendre sur certains gestes, car ils ont souvent des significations différentes d'une culture à l'autre.

Toucher l'autre personne est l'aspect tactile : une main sur le bras, une étreinte. Ces gestes sont souvent utilisés pour indiquer que l'on s'intéresse à la personne ou que l'on se soucie d'elle. Les personnes charismatiques le pratiquent souvent. (Vous trouverez plus de détails sur le langage corporel charismatique au chapitre 5.) Une poignée de main est également tactile, et une poignée ferme montre de l'assurance ainsi que de la sympathie à l'égard de l'autre personne.

Quant aux poignées de main écrasantes ou molles, elles envoient des signaux défavorables.

L'aspect vocal du langage corporel ne réside pas dans les mots ou le langage utilisés, mais plutôt dans l'intonation et la vitesse de votre discours. Imaginez que vous diriez « Compris » à votre coéquipier lorsque vous jouez au football américain. Puis, « Compris » à votre collègue qui n'en finit plus de parler de la feuille de calcul que vous êtes en train de consulter. Ou encore, « Compris » à votre supérieur, qui vient de vous expliquer pourquoi vous devez modifier une cellule de cette feuille de calcul.

Croyez-vous que vous diriez « Compris » avec le même ton de voix dans chacune des trois situations ci-dessus ? Bien sûr que non. Si vous utilisez le même ton avec votre patron qu'avec votre collègue de travail ennuyeux, vous risquez d'être licencié ! En outre, vous changeriez probablement la vitesse à laquelle vous prononcez votre message. Vous l'auriez énoncé rapidement à votre collègue et plus lentement à votre patron, afin de démontrer que vous avez compris ce qu'il dit.

Il se peut que l'aspect vocal soit également mal interprété, car il varie d'une culture à l'autre. Ce qui est perçu comme une parole encourageante dans l'une peut être considéré comme une impolitesse dans l'autre. Dans certaines langues, on parle beaucoup plus rapidement que dans certaines autres.

La composante spatiale du langage corporel comprend le temps, l'espace et l'image. Le fait d'arriver en avance ou en retard à une réunion envoie souvent un message particulier. L'arrivée tardive peut être un signe de domination, d'aversion ou de désintérêt. En revanche, une personne intéressée, que ce soit par le sujet abordé ou par la possibilité de gravir les échelons de sa carrière, arrivera généralement en avance à une réunion.

Une personne qui empiète sur l'espace personnel d'une autre est également un indicateur non verbal. Il rend les gens mal à l'aise, voire parfois menacés. Toutefois, cette attitude varie considérablement d'une culture à l'autre. Les États-Uniens, par exemple, ont une conception beaucoup plus large de l'espace personnel que la plupart des autres peuples. Ils ont besoin d'une distance d'environ un mètre avec leurs amis les plus proches et de deux à quatre mètres avec leurs autres amis. La distance est encore plus grande avec les inconnus. C'est peut-être en raison de cet espace personnel important qu'ils sont moins enclins aux contacts physiques interpersonnels que les autres cultures.

Les gens communiquent également avec des objets, des vêtements ou d'autres aspects de leur apparence. Souvent, ces objets témoignent de nos valeurs. Une personne qui porte un sac à main haut de gamme semble aimer le luxe. Mais ces indices peuvent être mal interprétés, alors n'oubliez pas de vous adapter au contexte. Si la personne conduit une voiture non luxueuse et qu'elle ne porte pas des vêtements de marque, elle a peut-être reçu le sac en cadeau ou elle l'a acheté en solde parce qu'elle le trouvait joli.

Cinq Rôles du Langage Non Verbal

Vous savez maintenant qu'une grande partie du message d'une personne est communiquée par diverses expressions qui ne sont pas exprimées par des paroles. Le langage corporel peut jouer différents rôles dans la communication verbale, soit en la complétant, soit en la réduisant.

1. Répétition

Le langage corporel peut répéter le message des mots. Votre ami vous dit : « Je suis si heureux ! ». Il vous sourit ou vous serre dans ses bras en se tenant droit et en vous regardant dans les yeux.

2. *Contradiction*

Les indices non verbaux peuvent indiquer le contraire de ce qui est exprimé. Dans ce cas, les auditeurs reçoivent des messages contradictoires. Ils doivent déterminer si ce sont les paroles ou le corps qui traduisent la vérité. Votre ami vous dit : « Je suis si heureux ! », mais il ne sourit pas. Il est avachi, les yeux rivés au sol et les bras croisés sur la poitrine.

Dans ce cas, les paroles de votre ami ne correspondent pas au comportement de son corps. Que croyez-vous, ses paroles ou l'expression de son corps ? Qu'il est heureux ou malheureux ? La plupart des gens choisiraient l'expression « malheureux » ou, en d'autres termes, l'expression de son corps. Et ils auraient probablement raison !

3. *Substitution*

Parfois, les mots n'ont pas besoin d'être prononcés. Imaginez quelqu'un qui lève les yeux au ciel. Avez-vous besoin de mots pour accompagner ce geste ? Ce signal particulier semble très similaire d'une culture à l'autre.

Ou bien, vous venez de vous fiancer et vous vous précipitez vers votre amie. Vous lui tendez la main avec la bague en souriant. Il n'y a aucune raison de prononcer les mots « Nous sommes fiancés », à moins que vous souhaitiez vraiment en entendre la sonorité.

4. *Complément*

Le langage corporel peut compléter le langage verbal. Vous félicitez quelqu'un verbalement lors d'une réunion, puis vous lui donnez une tape dans le dos. Il ne s'agit pas exactement d'une répétition, car une tape dans le dos n'est pas nécessairement un compliment. Mais il s'agit manifestement d'un mouvement positif. Vous complétez les mots par un geste.

5. *Accentuation*

Le langage non verbal peut souligner ce que l'orateur essaie d'exprimer. Une personne passionnée par ce qu'elle dit pourrait, par exemple, frapper du poing sur la table. Ou si vous êtes en colère contre ce que dit l'orateur, vous pourriez lui jeter une chaussure tout en poussant des cris.

Lorsque vous tentez de démontrer l'augmentation considérable des bénéfices réalisés par votre produit au cours des derniers mois, vous pourriez lever votre bras.

À titre d'exercice, observez l'orateur lors de votre prochaine rencontre, qu'il s'agisse d'une réunion ou d'un déjeuner entre amis. Voyez si vous pouvez interpréter la signification de ses gestes. Accentue-t-il les mots ? S'éloigne-t-il des mots ? Cet exercice vous aidera à prendre conscience du langage corporel et de son rôle dans la communication.

Pourquoi les Indices Non Verbaux Sont-ils si Importants ?

Si vous voulez influencer les gens, développer de meilleures relations et connaître plus de succès, il faut les amener à vous faire confiance. Les gens entretiennent des relations commerciales avec ceux qu'ils estiment et en qui ils ont confiance. Comme je l'ai indiqué plus haut, lorsque le message verbal ne correspond pas aux indices non verbaux, vous apparaissez comme quelqu'un qui cache la vérité. Personne ne fait confiance à un individu qui dissimule une partie de lui-même.

La majorité des gens, lorsqu'ils sont confrontés à un conflit entre les deux messages, supposeront que l'indice non verbal est le plus authentique. Envoyez-vous consciemment des signaux contradictoires ? Dites-vous une information en sous-entendant une autre ? Si vous n'êtes pas attentif à ce que votre corps exprime, vous ne saurez pas si vous exprimez (avec votre corps) ce que vous croyez communiquer ou ce que vous avez l'intention de communiquer. En outre, vous risquez de ne pas vous rendre compte de la façon dont les gens réagissent à votre égard. En alignant vos paroles sur le message de votre corps, vous améliorez votre efficacité.

Vous est-il déjà arrivé de vouloir commander une boisson dans un café et d'être complètement incapable d'articuler ? Est-ce que la personne qui a pris la commande a quand même compris ce que vous vouliez dire ? Merci au langage corporel !

Il est également important que vous compreniez ce que les gens essaient de vous communiquer. Si vous avez tendance à être bavard, les gens commenceront à vous envoyer des signaux lorsqu'ils souhaiteront que vous concluiez : ils regarderont ailleurs, taperont du pied, bâilleront, etc. En prenant conscience de ces expressions et de leur signification, vous pourrez devenir un meilleur communicateur ! Par ailleurs, les gens vous trouveront moins ennuyeux si vous vous rendez compte que vous perdez votre public et que vous pouvez vous adapter.

Vous pouvez lire le langage corporel d'une personne pour comprendre ce qu'elle essaie de communiquer, même lorsqu'il est un peu confus. S'il souligne ce qu'il dit en lançant des chaussures ou en tapant sur la table, vous saurez qu'il est passionné par son sujet !

À l'inverse, vous pouvez également être prévenu lorsque quelqu'un n'est pas forcément honnête. Cette personne dit une chose avec ses mots et complètement autre chose avec son corps. Il se peut qu'elle ne soit pas consciente de ce qu'elle dit, mais vous devrez déterminer quel est le véritable message. Dans ce cas, il est nécessaire d'en être informé à l'avance avant de conclure une affaire avec celle-ci !

Résumé du Chapitre

- Malheureusement, le processus de communication n'est pas aussi simple que d'assembler des mots dans un cadre cohérent et de faire en sorte qu'une autre personne les entende et les comprenne !
- Le langage, qu'il soit verbal ou non verbal, est sujet à des interprétations erronées en raison de divers facteurs, notamment la culture, la hiérarchie au travail, les raccourcis et les précédentes rencontres avec l'auditeur (ou les auditeurs).
- La communication non verbale comprend le toucher, les indices visuels tels que les expressions faciales et corporelles, le ton de la voix, ainsi que le temps et l'espace (zone de confort).
- Le langage corporel peut renforcer le langage verbal en le répétant, en le complétant ou en l'accentuant. Il peut aussi nuire au langage verbal si ce qui est dit par le corps ne correspond pas à ce qui est dit par les mots.

Maintenant que vous avez reconnu l'importance du langage corporel, le chapitre 3 vous propose des solutions concrètes pour mettre vos nouvelles connaissances à profit.

CHAPITRE TROIS
Le Langage Corporel et sa Signification

Il existe de nombreux signes par lesquels une autre personne peut vous envoyer des messages non verbaux. Certains sont plus évidents que d'autres. Si vous n'êtes pas en mesure de lire le langage corporel d'autrui, optez pour la simplicité et examinez la situation dans son ensemble. Vous ne voulez pas consacrer trop de temps à chercher de petits signaux au point de négliger ce qui est dit en réalité et le message global qui est adressé ! Observez les grands gestes, et non les petits. Si vous êtes attentif, vous saurez si votre interlocuteur s'ennuie ou s'il est engagé.

Vous est-il déjà arrivé de tenter une action, d'y réfléchir excessivement et de vous égarer complètement ? C'est assez courant. Les danseurs, par exemple, ont une grande mémoire musculaire. Souvent, les débutants se sentent à l'aise dans leur mouvement. Cependant, dès qu'ils réfléchissent à leurs pas, leurs pieds semblent s'emmêler. C'est la loi de l'effet inverse, qui consiste à forcer votre esprit conscient à assumer ce que votre subconscient a l'habitude de faire.

Les petits signaux du langage corporel d'une autre personne sont décodés par votre subconscient. Une fois que vous y aurez réfléchi et que vous les aurez recherchés, vous les percevrez partout et vous serez plus enclin à confondre un mouvement inoffensif avec un signal subtil.

Confiez les petites tâches à votre subconscient. Certains des nerfs évoqués dans le chapitre précédent se trouvent dans votre système digestif. L'instinct est donc bel et bien étayé par la science (parfois) !

Préparez-Vous à Lire le Langage Corporel

N'y réfléchissez pas de façon exagérée ! Heureusement, pour acquérir une solide connaissance du langage corporel et savoir comment l'interpréter, vous n'avez pas besoin d'être trop analytique. Considérez la situation dans son ensemble et recherchez les signaux les plus évidents : le sourire (ou l'absence de sourire), le positionnement des bras et des jambes, les gestes de la main. Un simple coup d'œil peut suffire à vous donner les informations que vous recherchez. Une lecture rapide des principaux signes vous permettra d'atteindre vos objectifs.

Il est préférable d'être détendu lorsque vous vous efforcez de lire l'expression des gens. En cas de situation tendue, vous devez rester calme et garder le contrôle de la situation. En d'autres termes, soyez à l'aise avec l'inconfort. Les techniques de respiration consciente et de relaxation peuvent vous aider à atteindre cet état d'esprit, mais de longues séances de méditation ne sont pas nécessaires (ce qui est bien, car vous n'aurez pas toujours le temps) !

Lorsque votre cerveau détecte que vous êtes menacé ou que vous vous sentez anxieux, les hormones et les neurotransmetteurs mentionnés dans le premier chapitre entrent en action. Pour inverser les battements de cœur et les autres effets de votre réaction de « lutte ou de fuite », essayez un simple exercice de respiration. Inspirez à trois reprises, retenez votre souffle pendant trois secondes et expirez pendant trois secondes. Répétez l'exercice trois fois. Un autre moyen de vous calmer est d'essayer la « respiration en boîte » à quelques reprises. Inspirez en comptant jusqu'à trois ou quatre, retenez votre souffle en comptant jusqu'à trois ou quatre, expirez en comptant jusqu'à trois ou quatre, et répétez l'exercice.

Les méthodes de relaxation par la respiration sont particulièrement utiles lorsque vous êtes en public. Ces exercices ne seront probablement pas remarqués par quiconque. Vous pouvez également les effectuer dans les coulisses ou à l'abri des regards avant de pratiquer vos postures de pouvoir, afin de vous sentir plus sûr de vous. (Je parlerai de ces exercices en détail dans les prochains chapitres. Il est important de paraître confiant, que vous le soyez ou non, dans un certain nombre de situations).

Veillez à ce que vos émotions n'affectent pas la façon dont vous lisez les gens ! Si vous vous sentez particulièrement stressé, ennuyé ou sur la défensive, vous pourriez obscurcir votre propre réflexion. Vous risquez de ne pas pouvoir vous exprimer comme vous le souhaitez et de ne pas interpréter les propos d'une autre personne comme elle l'entend. Par ailleurs, l'autre personne peut s'en rendre compte et modifier son propre langage.

Le Contexte est Essentiel

Lorsque vous lisez les gens, gardez à l'esprit que le langage corporel doit toujours être replacé dans son contexte. Par exemple, j'ai indiqué précédemment que des bras croisés sur le torse traduisent de la colère ou une attitude défensive. Cependant, les gens adoptent également ce comportement lorsqu'ils sont transis de froid. Si vous parlez à quelqu'un dans un igloo, cette personne n'est pas forcément en colère ou sur la défensive. Ses vêtements ne sont peut-être pas suffisamment chauds !

Par ailleurs, il convient de tenir compte de l'état physique de l'autre personne. Il se peut qu'elle ne s'affaisse pas sous le coup de l'émotion, mais qu'elle souffre de douleurs dorsales ou que ses épaules soient naturellement affaissées. Le maintien du contact visuel n'est pas nécessairement le signe d'un mensonge, surtout si l'autre personne souffre d'un trouble de l'anxiété sociale. Elle pourrait tout simplement trouver le contact visuel extrêmement désagréable, pour des raisons qui n'ont rien à voir avec votre conversation. Les personnes souffrant d'arthrite ne serreront peut-être pas votre main aussi fermement lorsqu'elles vous la tendront.

En revanche, d'autres personnes peuvent avoir besoin d'un petit coup de pouce pour sortir de leur espace de sécurité. S'ils sont du genre à se montrer impassible, vous devrez les déstabiliser pour qu'ils laissent tomber leur « masque ». Les personnes timides et sur la défensive pourraient tenir un objet, comme un carnet de notes, devant elles comme un bouclier. Vous pouvez leur offrir un verre, leur demander de tenir quelque chose ou leur suggérer une autre action qui décrispe leur corps.

Cela étant dit, il existe des signaux plus évidents que vous pouvez détecter assez rapidement. Il est possible de les repérer et de comprendre ce qu'ils signifient. Ils sont relativement communs à toutes les cultures et régions du monde et vous aideront à comprendre le message réel de votre interlocuteur.

Huit Codes du Langage Corporel

1. Les Yeux

Saviez-vous que les gens regardent généralement vers le haut et vers la gauche lorsqu'ils veulent accéder à leur mémoire ? Et vers le haut et la droite lorsqu'ils font appel à leur imagination ? Si l'autre personne regarde en haut à (sa) droite, il se peut qu'elle mente. Parfois, le fait de trop cligner des yeux indique également une fourberie. De même, le fait que l'autre personne ne vous regarde pas dans les yeux, en particulier si elle détourne son regard vers le côté, peut également vous indiquer qu'elle ne dit pas la vérité.

Par ailleurs, une personne qui ne vous regarde pas dans les yeux pourrait également s'ennuyer. Si elle regarde vers le bas pendant votre conversation, cela signifie qu'elle est peut-être nerveuse ou soumise.

Rappelez-vous la dernière fois que vous avez parlé à quelqu'un qui ne vous a pas regardé dans les yeux. Quelle impression en avez-vous retirée ? Sans doute que cette personne n'était pas confiante ou enthousiaste à l'idée de vous parler !

Une personne qui souhaite réellement discuter avec vous aura peut-être les pupilles dilatées en raison des substances chimiques de l'attention présentes dans son corps. Cet indice est un peu plus délicat à percevoir que d'autres ! Ne vous attardez pas à fixer les yeux de votre interlocuteur pour déterminer si ses pupilles grossissent ou pas. Jetez plutôt un coup d'œil aux autres signaux qu'il envoie.

2. Le Visage

Les yeux sont peut-être la fenêtre de l'âme, mais le sourire est la fenêtre de la bonne humeur. Est-ce que la personne sourit ? Est-ce qu'elle est sincère ? Si c'est le cas, il s'agit d'une personne heureuse qui engage le dialogue avec vous. Un léger sourire associé à un léger haussement de sourcils signifie que la personne se sent amicale et qu'elle n'est pas anxieuse.

En revanche, un sourire crispé ou un demi-sourire est le signal inverse. La personne est peut-être plongée dans l'ennui, l'irritation, l'incertitude ou une autre forme d'inquiétude. Elle n'est certainement pas heureuse et engagée, mais son expression ou son humeur n'a peut-être rien à voir avec vous. Donc, ne le prenez pas personnellement si son sourire est crispé et tendu.

Leurs lèvres sont-elles serrées et pincées l'une contre l'autre ? Cette personne ne se montre guère joyeuse non plus. Des lèvres et une bouche détendues témoignent d'une humeur positive. En fait, les traits et les muscles détendus du visage sont généralement des indices positifs. Pensez à ce que vous faites lorsque vous êtes stressé. Crispez-vous la mâchoire ? Serrez-vous les dents ? Contractez-vous les épaules et les recroquevillez-vous de chaque côté de vos oreilles ? La plupart des gens ne réagissent pas au stress en se détendant. Ils réagissent en se crispant et en serrant les dents.

Si votre interlocuteur se touche la bouche ou la couvre lorsqu'il parle, il est fort possible qu'il vous mente. Son subconscient s'exprime et tente d'empêcher que de fausses paroles ne soient prononcées. (Il se peut aussi qu'elle soit en train de manger et qu'il ne veuille pas cracher de la nourriture sur vous par accident. Le contexte est important !)

3. *La Proximité Physique*

Comme nous l'avons vu au chapitre 1, cet indice particulier est influencé par la culture. En effet, les règles sociales diffèrent d'une culture à l'autre.

Toutefois, sous réserve de cette mise en garde, les personnes qui souhaitent s'engager avec vous, ou qui ont une attitude positive à votre égard, seront plus près de vous. Lorsque vous êtes entouré de bons amis, avez-vous tendance à vous asseoir plus près d'eux que d'une personne que vous ne connaissez pas ? Ou plus loin ?

Si vous vous approchez d'une personne et qu'elle s'éloigne, c'est un bon indicateur qu'elle n'est pas très enthousiaste à l'idée de discuter avec vous ! Une personne qui se tient à bonne distance peut être naturellement timide ou un peu réservée. Cherchez d'autres indices pour savoir si elle ne veut vraiment pas vous parler personnellement ou si elle est simplement un peu timide avec les personnes qu'elle ne connaît pas.

4. *La Réflexion de votre Image*

Il est naturel pour les êtres humains de refléter les gestes d'une personne qu'ils aiment ou qu'ils veulent mieux connaître. Si vous appuyez un coude sur la table et que l'autre personne fait de même en l'espace de quelques secondes, c'est qu'elle vous imite. Buvez une gorgée de votre boisson. La personne a-t-elle aussi pris son verre ?

Nous y reviendrons plus en détail dans les prochains chapitres, mais « l'effet miroir » est un bon moyen d'amener votre interlocuteur à accepter votre présence et à vous faire confiance.

5. *Les Mouvements de la Tête et du Cou*

Avez-vous déjà assisté à un cours ou à une réunion où le présentateur n'arrêtait pas de parler ? Vous êtes-vous surpris à hocher la tête plus rapidement, désespéré de voir cette personne se taire ?

En effet, un hochement de tête plus lent est synonyme de patience. La personne est intéressée par ce que vous dites. Elle n'essaie pas de vous faire taire frénétiquement, mais elle vous démontre qu'elle comprend. Elle peut aussi incliner légèrement la tête sur le côté pour manifester son intérêt.

En revanche, l'absence totale de mouvement de la tête lors d'une conversation est une marque de sérieux ou d'autorité. Si vous ressemblez à une « figurine qui bouge la tête dans tous les sens », les gens vous prendront autant au sérieux que si vous étiez une « figurine qui bouge la tête dans tous les sens ». Trop de mouvement donne l'impression d'être nerveux, et moins sûr de vous.

Vous vous êtes probablement déjà retrouvé dans une situation où vous discutiez avec vos collègues en attendant le début d'une réunion. Que s'est-il passé lorsque le patron est arrivé dans la pièce ? Vos collègues ont cessé de parler pour lui prêter attention. Les personnes qui ont moins de pouvoir suscitent moins d'intérêt. Pour déterminer quelle est la personne la plus importante dans la pièce, vous devez détecter la personne que tout le monde regarde.

Cependant, si quelqu'un penche la tête vers l'arrière, à l'opposé de vous, c'est qu'il est incertain ou méfiant.

Lorsqu'une personne déglutit rapidement, c'est souvent un signe de peur ou de gêne. Une main sur la gorge est souvent le signe d'une tentative de dissimulation. En résumé, les personnes qui font des mouvements pour dissimuler ou couvrir quelque chose cachent probablement quelque chose ! C'est le subconscient qui parle.

6. *Les Jambes et les Pieds*

En observant la position des pieds d'une personne, vous pouvez découvrir ce qu'elle ressent réellement ! La plupart d'entre nous contrôlent leur visage et leurs gestes, mais ne prêtent pas autant d'attention à leurs pieds.

Où pointent les pieds de l'autre personne ? Si c'est vers vous, il est probable qu'elle veuille entrer en contact avec vous. Les personnes intéressées et engagées tournent leurs pieds et leur visage vers vous. Si leurs pieds s'éloignent de vous, elles veulent se diriger dans une autre direction, vers une autre personne, vers la sortie ou vers n'importe quel endroit où elles dirigent leurs pieds. Vous n'avez pas besoin de regarder le sol trop longuement. Un coup d'œil rapide devrait vous permettre de déterminer si la personne est intéressée ou non.

En regardant le sol, vous verrez peut-être les pieds de votre interlocuteur s'incliner vers l'intérieur ou s'enrouler autour d'eux-mêmes ou autour d'un pied de chaise. Cela vous inspire-t-il un langage corporel confiant ? Probablement pas. Ces signes indiquent que la personne que vous observez se sent mal à l'aise ou anxieuse.

La posture d'une personne ou la façon dont elle se tient est également un bon indicateur de ses véritables émotions. Une posture détendue, avec les jambes espacées de la largeur des épaules, témoigne d'une personne confiante et détendue, ou du moins qui s'efforce d'en donner l'impression !

Des jambes et des pieds rapprochés sont un signe d'anxiété. La personne essaie de se rendre plus petite. De même, croiser les jambes ou les pieds est une autre tentative pour paraître plus modeste. Une personne sûre d'elle prend sa juste place.

7. Les Mains

Lorsque l'on fait des gestes de la main, on a tendance à s'adresser à quelqu'un avec qui nous avons une certaine affinité. Ces mouvements peuvent également inclure les coudes, en fonction de la posture. Toutefois, il est considéré comme impoli de pointer du doigt, du moins en Amérique du Nord. En revanche, vos mains sont généralement dirigées vers la personne qui vous intéresse, tout comme vos pieds.

Vous pouvez également faire des gestes avec vos mains lorsque vous parlez. Les gestes ouverts et amples caractérisent généralement les personnes qui ont confiance en elles et en ce qu'elles disent.

Lorsqu'une personne s'assoit et appuie sa tête, ou son menton, contre une main, elle manifeste de l'intérêt pour ce que son interlocuteur lui raconte.

Par ailleurs, les gestes négatifs ou défavorables sont également évidents. Si vous gardez vos mains dans vos poches ou sur votre tête, vous indiquez que vous êtes nerveux ou malhonnête. Le fait de s'asseoir, la tête appuyée contre les deux mains signale généralement l'ennui.

Une personne qui tient un objet tel qu'un porte-documents ou un sac à main devant sa poitrine en guise de bouclier pendant qu'elle parle se défend contre l'autre personne. Il s'agit d'un geste plutôt explicite. Cette réaction n'a souvent rien à voir avec la personne contre laquelle elle se défend ! Il s'agit plutôt d'un signe de nervosité ou d'un sentiment défensif en général.

8. *Les Bras*

Les bras croisés, comme nous l'avons déjà mentionné, peuvent représenter la colère et la méfiance, mais aussi l'anxiété ou la réticence. Cependant, lorsque les bras croisés sont associés à un corps détendu et confiant, ils peuvent dénoter une attitude positive en réalité.

Les mains sur les hanches représentent une affirmation de domination, du moins en public. Le fait de se tenir debout, les jambes écartées et les mains sur les hanches est également une posture de pouvoir qui permet à de nombreuses personnes de se sentir plus sûres d'elles, en particulier lorsqu'elles s'apprêtent à accomplir une tâche telle qu'une présentation devant un large public.

Lire le Langage Corporel en Fonction de l'Humeur

Il existe un grand nombre de gestes et d'expressions que vous pouvez observer lorsque vous tentez de comprendre la communication non verbale d'une autre personne. Comme vous l'avez vu précédemment, les différentes parties du corps peuvent être impliquées de différentes manières lors d'une conversation.

Par conséquent, l'interprétation du langage corporel d'autrui n'est pas une science exacte. Il existe des indices généraux de ce qu'une personne exprime avec son corps, mais ces gestes et postures peuvent être interprétés différemment en fonction de l'origine de la personne, de son état de santé ou d'un problème physique qui modifie son langage corporel.

Pour résoudre les contradictions apparentes, il suffit de vérifier si la plupart des indices vont dans un sens ou dans l'autre. Si la majeure partie des expressions sont celles d'une personne détendue et heureuse, une expression qui indique normalement une tension ou une anxiété est probablement attribuable à des influences extérieures telles que les conditions météorologiques.

Cette méthode fonctionne également dans l'autre sens. Imaginez quelqu'un d'affaissé, qui se crispe les mains et fixe le sol, mais dont les pieds sont dirigés en votre direction. Est-il probable que cet individu s'engage avec enthousiasme avec vous ? Non, les pieds ne sont probablement qu'une coïncidence.

Vous trouverez ci-dessous des indices du langage corporel correspondant à différents types d'humeurs et d'émotions.

1. *Heureux/Positif/Engagé*

Lorsque les gens se sentent positifs, ils ont tendance à adopter une posture favorable. Les bras, les jambes et les mains sont détendus. Leur corps est ouvert, il n'est pas croisé ou coincé. Ils peuvent sourire — un sourire authentique, pas un sourire artificiel. Ils vous regardent dans les yeux régulièrement, mais ne vous fixent pas de façon maladroite.

S'ils veulent en connaître davantage et s'ils sont intéressés, ils se rapprocheront probablement de vous. Ils hocheront lentement la tête en écoutant ce que vous dites ou l'inclineront légèrement sur le côté. S'ils sont assis, ils poseront peut-être leur tête sur un coude.

En général, leurs mains, leurs coudes et leurs pieds seront orientés vers vous. Ils vous renverront les gestes que vous faites ou les refléteront. Si vous pouvez voir leurs pupilles, elles seront dilatées.

Lorsque vous buvez une gorgée d'eau, elles le feront aussi. Les personnes qui veulent s'engager avec vous refléteront vos gestes.

2. *Malhonnête*

Généralement, les gens qui mentent auront du mal à vous regarder dans les yeux. Ils regarderont peut-être en haut et à droite ou cligneront des yeux trop fréquemment.

Lorsqu'ils parleront, ils se toucheront les lèvres ou se couvriront la bouche. Ils mettront aussi leurs mains dans leurs poches, à l'abri des regards.

Si leur langage corporel consiste à se cacher ou à se couvrir, il est très probable que ces individus ne vous disent pas la vérité.

3. *Embarrassé/Anxieux/Nerveux*

Ce type d'individu ne vous regardera pas dans les yeux. Il enroulera parfois ses pieds autour d'eux-mêmes ou d'un pied de la chaise, s'il est assis. Il clignera souvent des yeux ou déglutira fréquemment. Un individu anxieux se tiendra debout, les jambes serrées l'une contre l'autre. Il croisera parfois les bras dans le but de se sentir plus discret physiquement.

Vous pourrez également remarquer qu'il sera avachi. En général, son corps ne sera pas ouvert vers vous. Cet individu tiendra sans doute quelque chose devant lui pour vous éloigner, vous et probablement d'autres personnes, ou pour s'éloigner de lui-même.

Un individu anxieux aura probablement l'air très tendu — mâchoire serrée, mains crispées, lèvres tendues. Il regardera autour de lui, à la recherche de menaces. Il ne se concentrera pas particulièrement sur vous (à moins qu'il ne vous considère comme une menace d'une manière ou d'une autre).

4. Négatif (défavorable à votre égard)

Si l'individu hoche rapidement la tête, vous devrez probablement interrompre votre conversation ! Jetez un coup d'œil à leurs pieds. Si ceux-ci sont dirigés dans la direction opposée à la vôtre, c'est qu'il préfère sans doute se trouver ailleurs. Et s'il est assis, les deux mains soutenant sa tête, c'est qu'il s'ennuie.

S'il sourit, ce ne sera pas un véritable sourire, mais un sourire crispé ou factice. Ses lèvres seront probablement serrées l'une contre l'autre. Il n'imitera pas vos gestes. En ce qui concerne le contact visuel, il est probable qu'il ne vous regarde même pas.

Analyse du Corps Étape par Étape

Jusqu'à présent, j'ai examiné tous ces indicateurs et indices un par un, d'abord par partie du corps, puis par état émotionnel. Comment les regrouper ? Pour « lire » quelqu'un rapidement, rappelez-vous que ce sont les mouvements et les expressions les plus marqués qui vous donneront un aperçu de ce que l'autre personne essaie de vous communiquer.

1. La Posture Globale

Lorsque vous observez une personne dans son ensemble, quelle impression en retirez-vous ? Se tient-elle droite et détendue ? Ou bien est-elle voûtée et avachie ? Pouvez-vous voir si ses muscles sont contractés ? Semble-t-elle vouloir se miniaturiser ? Ou occupe-t-elle un espace suffisant ? Si elle fait des gestes, ceux-ci sont-ils réduits et contraints, ou sont-ils plus ouverts et francs ?

2. *Le Visage*

Le sourire est le premier élément que vous recherchez, car il s'agit d'un indicateur majeur. Si la personne sourit, est-ce qu'elle est sincère ? Lorsque vous lui parlez, établit-elle un contact visuel avec vous ? Hoche-t-elle la tête pendant que vous parlez, pour assimiler ce que vous dites ? Ou bien hoche-t-elle vigoureusement la tête, en balayant la pièce du regard ? Son visage est-il détendu ou sa mâchoire est-elle crispée ?

3. *Les Bras, les Jambes, les Mains, les Pieds*

Sont-ils ouverts ou détendus ? Orientés dans votre direction ?

Sont-ils croisés, serrés ou comprimés ? Sont-ils cachés ou dirigés vers quelqu'un ou quelque chose d'autre dans la pièce ?

Étude de Cas

Imaginez que vous êtes dans un bureau et que vous observez deux personnes, Pierre et François, qui se font face.

Pierre se tient droit, ses jambes sont à l'écart, et il hoche lentement la tête en écoutant ce que dit François. Les pieds de Pierre sont dirigés vers François. Ses mains sont détendues et ouvertes. Il regarde directement François alors qu'un sourire léger, mais réel, se dessine sur son visage.

François se tient debout, les jambes rapprochées, et il tient son dossier près de sa poitrine. Ses pieds sont légèrement orientés l'un vers l'autre. Il regarde surtout Pierre, mais de temps à autre, son regard s'écarte vers une autre direction. Il ne sourit pas, et lorsqu'il ne parle pas, il serre ses lèvres l'une contre l'autre.

Quelles conclusions tirez-vous de vos observations ?

Pierre a confiance en lui et s'intéresse aussi à ce que dit François. Ce dernier est quelque peu sur la défensive et se sent nerveux.

Quelle est la relation entre les deux individus ? Comme Pierre ne se montre pas dominant, soit il n'est pas son patron, soit il est son supérieur, mais il tente de le mettre à l'aise. François est peut-être un nouvel employé, ou tout simplement un individu nerveux en général.

La lecture rapide est un exercice que vous pouvez effectuer dans presque tous les endroits où vous rencontrez des gens. Testez-le lors de votre trajet matinal, au café, à la cafétéria de votre entreprise ou même lors d'un événement de réseautage. Observez la façon dont les gens se tiennent. Que vous inspire leur langage corporel ? Si vous apercevez deux personnes en pleine conversation, tentez de découvrir la nature de leur relation.

Résumé du Chapitre

- Notre subconscient, ou notre instinct, font une grande partie de l'analyse du langage corporel pour nous, en particulier avec les petits mouvements que la plupart d'entre nous font inconsciemment.

- Nous n'avons pas besoin de réfléchir excessivement à la communication non verbale de quelqu'un ou de passer trop de temps à l'analyser.

- Certains gestes et indices évidents peuvent nous permettre de comprendre ce que ressent une autre personne ou ce qu'elle essaie de nous communiquer.

- Les différentes parties du corps ont des façons variées d'exprimer les messages non verbaux.

- En général, les postures, les visages et les gestes ouverts et détendus témoignent d'émotions positives et d'intérêt.
- À l'inverse, les personnes qui se contractent pour paraître modestes ou qui manifestent une tension évidente, ne sont pas à l'aise et peuvent avoir besoin d'une prise en charge particulière.

Dans le prochain chapitre, vous apprendrez à développer un langage corporel convaincant pour affirmer votre personnalité !

CHAPITRE QUATRE

Comment Développer votre Personnalité Grâce à votre Langage Corporel ?

Vous pouvez projeter de la confiance et vous montrer intéressé (plus de détails dans le dernier chapitre, si vous n'avez pas encore eu l'occasion d'y jeter un coup d'œil !). En vous familiarisant avec le langage non verbal, vous êtes en mesure de reconnaître les gestes et les postures que vous pouvez adopter lorsque vous êtes en présence d'autrui.

Toutefois, vous aimeriez avoir du succès ! Pour cela, il ne suffit pas de sourire lorsque vous parlez à quelqu'un. En fait, un sourire excessif peut avoir un effet contraire, car il peut vous conférer un état de nervosité ou un manque de confiance en vous.

Songez à des personnes que vous admirez et que vous aimeriez prêter attention et écouter. Vous n'avez pas forcément à les connaître. Elles sont peut-être présentes à la télévision ou vous les avez aperçues sur Internet. Comment se présentent-elles ? Semblent-elles en déficit d'assurance ou nerveuses ? Lors d'une interview, le regard de l'intervieweur s'égare-t-il ? Si la personne interviewée est charismatique et attrayante, vous remarquerez que l'intervieweur ne quitte pas son invité des yeux, à moins qu'il ne se tourne vers le public pour préciser son point de vue.

Ou peut-être que vous avez observé des gens au bureau. Lorsque vous êtes en réunion et que les dirigeants ne sont pas encore présents, vous et vos collègues discutez probablement entre vous ou surfez sur vos téléphones. Que se passe-t-il lorsque le patron ou le gestionnaire entre dans la pièce ? Tous les participants le regardent, posent leur téléphone et mettent fin à la conversation qu'ils avaient avec leur voisin. Observez le responsable qui a la charge de l'entreprise. Est-ce que celui-ci s'agite, semble anxieux ou sur la défensive ? Ou bien entre-t-il dans la salle comme s'il était maître des lieux ?

Avez-vous assisté à un spectacle d'humour récemment ? Est-ce que vous riez davantage avec un comédien qui reconnaît qu'il est drôle ou avec celui qui a l'air soulagé si quelqu'un s'esclaffe pendant son spectacle ?

Les êtres humains préfèrent être guidés par des leaders qui ont confiance en eux. Réfléchissez à la personne à laquelle vous voulez prêter attention et qui semble attirer votre attention naturellement. Voulez-vous écouter quelqu'un qui ne semble pas confiant ou qui évite votre regard lorsqu'il vous parle ?

Quel que soit l'état d'esprit du dirigeant à ce moment précis, il doit être perçu comme un individu qui a confiance en lui. Il doit éviter tout langage corporel, défensif, anxieux ou nerveux. Si c'est le cas, il risque de perdre son auditoire. Pour exercer un certain pouvoir, il est nécessaire que ses interlocuteurs reconnaissent son autorité. Si cette personne fait preuve de faiblesse d'une manière ou d'une autre, elle perdra son pouvoir.

Vous manquez peut-être de confiance en vous en ce moment. Le langage corporel est sans doute une nouveauté dans votre cas, et il est possible que vous ayez reconnu votre comportement dans les descriptions de ceux qui sont sur la défensive, anxieux ou négatifs. Il n'y a pas de quoi s'inquiéter. Vous n'avez pas nécessairement besoin d'être sûr de vous pour agir comme si vous l'étiez ! Et en prime, plus vous agissez avec assurance, plus vous aurez confiance en vous. C'est une boucle de rétroaction positive. Si vous agissez avec confiance et que vous vous sentez sûr de vous, les gens répondront à votre confiance, ce qui vous rendra encore plus confiant.

Quels sont les autres éléments à considérer lorsque vous souhaitez donner l'impression d'être confiant ? Vous pouvez vous conditionner à agir avec plus d'assurance. Heureusement, nous sommes à l'ère où Internet est omniprésent et il existe de nombreuses vidéos de personnalités ayant réussi, telles que Richard Branson, Steve Jobs et Mark Cuban. Vous voulez dégager plus d'assurance ? Étudiez leur langage corporel et reproduisez-le. Entraînez-vous à adopter ces gestes et renforcez votre propre confiance.

Langage Corporel du « Club des Vainqueurs »

Que pensez-vous du geste amical de « poing à poing » ? Les germaphobes préfèrent cela à la poignée de main, tout comme Richard Branson. Ce geste indique que vous êtes un peu moins conventionnel et que vous n'êtes pas trop « vieux jeu ». Vous pouvez également opter pour deux pouces levés, comme Jack Ma d'Alibaba (une entreprise chinoise semblable à Amazon aux États-Unis). Cette expression a des connotations avec Bouddha en Chine, mais elle envoie également un message positif aux Américains.

Dans le dernier chapitre, j'ai parlé de « l'effet miroir », que l'on voit souvent chez Mark Zuckerberg. Il est intéressant de noter que si vous reflétez quelqu'un, vous devenez plus empathique à son égard et vous êtes plus susceptible de comprendre son message.

Sheryl Sandberg a tendance à se pencher vers son public ou la personne à qui elle s'adresse. Elle incline et pousse sa tête vers l'avant de manière contrôlée. Cela démontre à ses auditeurs qu'elle a de nombreuses idées et qu'elle souhaite dialoguer avec eux.

Nous reviendrons sur l'art de parler en public dans le chapitre suivant, mais ce qui a permis à Steve Jobs d'être particulièrement efficace, c'est qu'il établissait un contact visuel avec son auditoire. C'est très puissant lorsque les auditeurs ont l'impression que vous vous adressez à eux personnellement.

Pour Mark Cuban, le meilleur geste à adopter est un sourire sincère. Il transmet de la cordialité, mais peut aussi inspirer le respect lorsqu'il est associé à un langage corporel autoritaire, comme une gestuelle ample.

Angela Merkel, ex-chancelière de l'Allemagne, a pour habitude de « joindre ses doigts ». Vous n'avez pas besoin de vous asseoir pour faire ce geste, car il est également possible de l'effectuer debout. Maintenez vos mains en triangle, de sorte que l'extrémité de vos doigts se touche à peine. Cette position est également idéale si vous ne savez pas quoi faire de vos mains lorsque vous êtes immobile !

Vous remarquerez que tous ces gestes sont plutôt naturels. Il ne s'agit pas de contorsions étranges que vous devez pratiquer devant votre glace pendant des semaines avant d'y parvenir. Il se peut même que vous les exécutiez déjà pour certains d'entre eux. En d'autres termes, l'utilisation efficace et réussie du langage corporel ne doit pas être un exercice compliqué ou artificiel.

En outre, ces mouvements sont tous porteurs de cordialité. Vous ne vous montrez pas sévère ou inaccessible, car cela ne vous rendrait pas sympathique. Vous n'avez pas besoin d'être un maître d'œuvre ou un robot pour transmettre un message efficace. En fait, l'efficacité serait compromise si vous vous comportiez comme un robot ! Être confiant et avoir une personnalité agréable signifie que vous êtes perçu comme une personne digne de confiance, ouverte et amicale. C'est ce type de personne que les gens voudront connaître, à qui ils souhaiteront s'adresser et par qui ils voudront être influencés.

Neuf Façons Positives de Susciter l'Attention

Toutes les personnes mentionnées précédemment sont réputées pour leur prestance physique. Les gens leur prêtent attention lorsqu'elles parlent, en partie parce que ce sont des personnalités influentes dans leur domaine, mais aussi en raison du langage corporel confiant qu'elles utilisent en public. Voici six façons de capter l'attention afin que votre auditoire puisse adhérer à votre message.

La plupart de ces conseils sont basés sur le fait d'être ou de paraître confiant. Les gens n'accordent pas beaucoup d'attention à une personne qui n'a pas confiance en elle. Ils préfèrent entendre une personne qui a de l'assurance, même si elle ne connaît pas vraiment son sujet ! Si la personne simule suffisamment bien, ses interlocuteurs la croiront.

1. Allez à la Rencontre de votre Interlocuteur pour lui Serrer Fermement la Main

N'attendez pas que l'autre personne vous serre la main. Avancez et tendez la vôtre en premier, c'est la marque d'une personne qui a confiance en elle.

Au moment de la poignée de main, évitez les mains molles ! Saisissez fermement la main de votre interlocuteur, mais pas au point de le faire souffrir ou de l'écraser. Serrez-la de bas en haut plusieurs fois en regardant la personne dans les yeux, puis relâchez-la. Si vous vous interrogez sur le caractère trop délicat ou trop vigoureux de votre poignée de main, demandez à vos amis et collègues de vous donner leur avis.

2. *Évitez de Bouger Excessivement*

Les animaux menacés baissent souvent la tête en effectuant de petits mouvements. Leurs yeux s'agitent dans tous les sens, à la recherche d'une échappatoire. Nous sommes aussi des animaux, et il en va de même pour nous.

Si vous remuez fréquemment la tête lorsque vous parlez, vous donnerez l'impression d'être démuni. En gardant la tête immobile, vous manifestez votre caractère sérieux et votre sens de l'autorité.

Cessez de vous agiter. Exactement comme votre mère vous l'a répété ! Les gens s'agitent de différentes manières, mais il faut que ça cesse. Faire tournoyer ses cheveux, agiter ses pieds, jouer avec ses mains et ses doigts, se toucher le visage ou le cou en parlant, tout cela donne l'impression d'être anxieux. Vous devrez sans doute vous entraîner à vous asseoir et à vous tenir debout sans bouger !

Vous pourriez adopter des postures qui ne vous permettent pas de gesticuler, en particulier celles qui sont des signes de pouvoir en elles-mêmes. Par exemple, le fait de joindre ses doigts en pyramide est une marque d'autorité et de confiance en soi.

Cela permet également d'éviter que vos doigts ne s'agitent autour de votre visage, de votre cou ou de vos cheveux.

Comme pour la plupart des signaux de langage corporel dont je traite, il y a un impact positif lorsque vous effectuez un geste, mais un impact négatif si vous en abusez. Par exemple, les personnes qui gesticulent fréquemment avec leurs bras ou leurs mains ont une image plus positive que celles qui ne le font pas. Cependant, lorsque les gestes deviennent frénétiques ou qu'ils se produisent au-dessus de vos épaules, ils n'ont plus rien d'autoritaire. Ils donneront l'impression d'être hors de contrôle et donc moins crédible.

En résumé, certains mouvements sont bénéfiques et vous rendront plus sûr de vous et plus sympathique, mais ils doivent être bien maîtrisés pour produire un impact positif. Vous devez donner l'impression de choisir consciemment le mouvement, quel qu'il soit, et ne pas vous laisser aller à l'agitation ou à des mouvements excessifs.

3. *Feignez Jusqu'à ce que vous Réussissiez*

La feinte ne fonctionne pas dans tous les cas. Par exemple, si vous éprouvez de la peur, vous ne pourrez pas facilement prétendre que ce n'est pas vrai. Votre langage corporel laissera transparaître des indices de votre crainte.

En revanche, si vous adoptez une attitude confiante, telle que des poses, des postures et des gestes énergiques, vous parviendrez plus facilement à transmettre votre message. Cette attitude envoie non seulement le message que vous avez confiance en vous, mais elle vous aide également à vous le communiquer ! Au fil du temps, ces gestes deviendront plus authentiques à mesure que vous développerez votre confiance en vous.

Les postures de pouvoir consistent à se tenir debout en écartant les bras et les jambes. Cette position vous fera paraître plus grand, au lieu d'être petit et craintif. C'est la posture de *Superman*. Les pieds sur le bureau ne sont pas toujours recommandés, selon la personne qui se trouve devant vous, mais il s'agit également d'une posture de pouvoir.

Le concept de « se vêtir en fonction du succès » existe bel et bien, même s'il ne s'agit pas de porter un costume ou non (cela dépend entièrement de votre domaine d'activité). Plus vous vous sentirez en confiance dans vos vêtements, plus vous dégagerez de l'assurance.

Par conséquent, ne portez pas de vêtements qui s'étirent, se tordent ou nécessitent des ajustements constants. Le fait de replacer vos vêtements vous fera paraître nerveux. Choisissez un vêtement qui vous met en valeur et dans lequel vous pourrez vous asseoir ou vous tenir debout. Comme on le dit, habillez-vous pour le travail que vous souhaitez, et non pour celui que vous avez. Laissez vos vêtements communiquer votre sentiment de confiance.

Et si vous devez feindre, faites-le correctement (qui aurait cru qu'il y avait une bonne et une mauvaise façon de simuler ?). En d'autres termes, assurez-vous que vos gestes et vos postures soient mûrement réfléchis.

Il est souvent déconseillé de pointer du doigt. Certains peuvent croire qu'il s'agit d'une expression de domination, mais la plupart des gens y voient un contrôle parental ennuyeux ou une forme d'intimidation. Rappelez-vous que le secret d'un langage corporel réussi est la sympathie et la confiance en soi. Personne n'aime les personnes grossières.

4. *Surveillez vos Paumes de Main*

Vos paumes tournées vers le haut ou vers le bas revêtent une certaine signification. Les paumes vers le bas représentent la posture la plus confiante. Que vous soyez assis à un bureau ou debout pour faire une présentation, le fait de ne pas présenter vos paumes est un signe de confiance et d'autorité. En fait, si vous êtes derrière un bureau, il se peut que vous deviez de temps en temps les tourner vers le haut, afin de ne pas sembler trop autoritaire !

Les paumes vers le haut dénotent une forme de soumission. Vous remarquerez que lorsque d'autres personnes présentent leurs idées, leurs paumes sont tournées vers le haut, cherchant ainsi à obtenir l'acceptation de leurs interlocuteurs. Les paumes vers le bas signifient que vous avez davantage de contrôle sur la conversation.

Cependant, dans certains cas, vous souhaiterez peut-être tourner les paumes vers le haut, même si ce geste est plus suppliant. Selon les circonstances, il permet de communiquer que vous êtes digne de confiance.

Quoi qu'il en soit, lorsque vous serrerez la main d'une autre personne, veillez à ce que votre paume soit sèche. Une paume en sueur n'est certainement pas amicale !

Il est également important de garder les mains et les paumes détendues. Serrer les poings est un signe de colère. Le fait de saisir trop fermement un objet, tel qu'un sac à main ou un bloc-notes, trahit la nervosité. Si vous ne pouvez pas les tenir sans les serrer, déposez-les. Vous éviterez ainsi de vous en servir comme protection vis-à-vis d'autres personnes.

Si vous cachez vos mains, peut-être derrière votre dos ou dans vos poches, les gens croiront que vous dissimulez quelque chose. Vous devez vous montrer ouvert, alors veillez à ce que vos paumes soient bien en vue de la personne à qui vous vous adressez.

Lorsque vous vous assoyez, joignez vos doigts à la manière d'Angela Merkel pour vous montrer accueillant et confiant. Essayez-le !

Les gens font confiance à ceux qui « parlent avec leurs mains », alors n'hésitez pas à les employer. Avant les mots, il y avait la communication non verbale, et les mains en sont un élément important. Lorsque vous montrez vos mains, vous apparaissez digne de confiance.

5. *Pincez votre Pouce et votre Index l'un Contre l'autre*

Ce geste est particulièrement efficace lorsque vous souhaitez insister sur un point précis. Utilisez-le avec parcimonie et vous transmettrez votre autorité et votre confiance. Si vous l'utilisez trop souvent, vous risquez de paraître… bizarre.

6. *Levez les Sourcils*

Ce geste indique que vous êtes réceptif. Les personnes qui se sentent vulnérables sont souvent renfermées et sur la défensive. L'ouverture est un signe de confiance. Le fait de tourner lentement la tête et hausser les sourcils en regardant quelqu'un est un signe d'attention. Inspirez-vous du personnage de Roger Moore dans James Bond.

7. *Tenez-Vous (ou Asseyez-Vous) Droit*

Comme votre mère vous l'a répété, tenez-vous droit. Gardez la tête haute et les épaules vers l'arrière. Une telle posture n'est pas seulement un signe de confiance et d'autorité, elle aide à prévenir les douleurs dorsales et cervicales inutiles et permet de respirer correctement. Que vous le croyiez ou non, c'est aussi important pour la confiance en soi ! Si vous ne respirez pas correctement, vous serez probablement tendu et votre voix sera plus aiguë que normalement. Une respiration détendue est une respiration confiante.

Lorsque vous êtes assis, votre dos doit être droit et vos pieds doivent être posés à plat sur le sol. Si vous êtes de petite taille, il peut arriver que les fauteuils disponibles ne vous permettent pas de poser vos pieds. Dans ce cas, vous pouvez vous tenir debout, surtout si l'autre possibilité est de laisser vos pieds pendre comme ceux d'un enfant. Lorsque vous êtes dans votre propre espace, vous pourriez envisager d'utiliser un repose-pied pour éviter ce problème.

Prenez votre place. Ne vous faites pas remarquer par votre petitesse, qui se traduit par une impuissance et une vulnérabilité. Les bras et les jambes ne devraient pas être croisés, car cette position vous rapetisse. Se recroqueviller ou se replier sur soi-même est une posture d'impuissance, tout comme tenir ses mains en position classique de feuille de figuier devant l'entrejambe. Placez vos bras le long de votre corps, et non au milieu.

Ce conseil est également important pour les femmes qui, dans de nombreuses cultures, sont censées être moins puissantes ou se soumettre aux hommes. Les femmes dirigeantes doivent faire preuve de confiance en elles, tout comme leurs homologues masculins. Vous ne devez pas écarter les jambes au point de vous étendre, bien sûr. Mais il n'y a aucune raison de croiser les jambes ou de tenir les bras près de votre poitrine. Si vous êtes assis derrière un bureau ou une table, étalez les documents. Si vous êtes debout, les jambes doivent être à l'écart de la largeur des épaules, voire des hanches. Posez les pieds fermement sur le sol.

Bien que le fait de poser les mains sur les hanches occupe de l'espace, d'autres personnes jugent cette position trop agressive. Tentez plutôt de faire des gestes avec vos mains et vos bras.

8. *Les Expressions Faciales, y Compris votre Sourire*

Votre mère vous a probablement conseillé de sourire, et ce pour de bonnes raisons. Le sourire vous permet de vous présenter sous un jour favorable, ce qui incite les gens à vous accorder de l'attention et à s'engager avec vous. Tout comme les postures de puissance, les sourires ont une boucle de rétroaction : ils vous rendent plus heureux.

Le sourire est le moyen d'action privilégié de certaines personnes influentes. Un sourire authentique est un signe d'ouverture et démontre que vous êtes digne de confiance et sympathique. Il est cordial et témoigne que vous vous intéressez à l'autre personne.

Évitez de bâiller devant les gens ! Vous ne pourriez pas exprimer votre ennui de façon plus claire, même si votre bâillement est motivé par d'autres raisons.

9. *Le Contact Visuel*

Le contact visuel ne signifie pas que vous deviez fixer l'autre personne dans les yeux comme si vous vouliez aspirer son âme. Vous devez éviter de détourner le regard ou de baisser les yeux trop longtemps, car ce sont des gestes de crainte et d'évitement. Les personnes confiantes regardent l'autre personne directement dans les yeux. Ne laissez pas vos yeux flotter d'une personne à l'autre ou autour de la pièce si vous êtes au milieu d'une conversation. Vous donnerez l'impression de vous ennuyer et de ne pas être intéressé.

Portez-vous des lunettes ? Dans ce cas, évitez de regarder les gens par-dessus la monture de vos lunettes, car cela traduit un certain mépris, surtout si vous devez les regarder de haut. En regardant à travers vos lunettes plutôt que par-dessus, vous apparaissez amical et ouvert.

Si vous vous trouvez à l'intérieur, ne portez pas vos lunettes de soleil. Comme les gens ne peuvent pas voir vos yeux, vous donnerez l'impression de vouloir cacher quelque chose.

Il est relativement facile de développer une personnalité sympathique par le biais de votre langage corporel. Avant même d'ouvrir la bouche, vous pouvez retenir l'attention de votre entourage. Et surtout, même si vous ne vous sentez pas particulièrement confiant pour le moment, vous pouvez travailler votre assurance en utilisant les techniques mentionnées ci-dessus.

La confiance en soi n'est pas synonyme d'arrogance et d'orgueil. Ce ne sont pas des qualités que l'on affectionne particulièrement ! Une personnalité positive est ouverte, amicale et digne de confiance.

L'étiquette téléphonique est une autre notion à laquelle il convient de prêter attention. Celle-ci est utile à tout moment, mais surtout lorsque vous parlez à quelqu'un qui a grandi avant l'ère du *smartphone*. Si vous regardez ou manipulez votre téléphone pendant que l'on vous parle, vous semblerez irrespectueux. Que vous le veuillez ou non, c'est ce qu'exprimera votre langage corporel.

Si vous souhaitez être respecté par les personnes autour de vous, vous devez également leur témoigner du respect. Les gens n'admirent pas les leaders qui sont impolies et qui rabaissent ou ignorent les gens. Une bonne étiquette téléphonique est essentielle. Si vous êtes en pleine conversation, vous n'avez pas besoin de regarder votre téléphone ou d'y répondre (sauf si vous êtes un secouriste). Il est également mal vu de répondre à des appels lorsque vous êtes entouré d'autres personnes.

La meilleure façon de démontrer que vous êtes intéressé par quelqu'un d'autre est de participer à la conversation avec cette personne, sans regarder autour de la pièce, en fixant le sol ou en vérifiant votre téléphone chaque fois que quelqu'un aime votre publication sur *Instagram*. Il ne s'agit pas de vérifier vos courriels toutes les deux secondes, mais de vous engager avec l'autre personne, de vous intéresser sincèrement à elle, de sourire et d'établir un contact visuel. Lorsque vous procédez ainsi, votre entourage ou votre public repartira en songeant que vous avez une belle personnalité !

Le langage de la confiance est celui des personnes qui réussissent et qui sont charismatiques. Vous pouvez apprendre ce langage en utilisant les techniques mentionnées ci-dessus.

Résumé du Chapitre

- Observer les interactions des personnes qui réussissent est un bon moyen de découvrir comment ils projettent leur confiance en soi.
- Pour améliorer votre confiance, regardez des personnes influentes et performantes à la télévision ou en ligne, et imitez ce qu'elles font autant que vous le pouvez.
- La confiance en soi est une caractéristique qui s'apprend, et feindre la confiance en soi conduit véritablement à l'atteindre.
- Certains gestes, comme une poignée de main ferme et des mouvements de bras contrôlés, vous font paraître plus sûr de vous, tout comme le sourire et les contacts visuels.
- Entraînez-vous à adopter un langage corporel confiant afin d'attirer l'attention des gens.

Dans le prochain chapitre, j'aborderai l'utilisation de la communication non verbale pour bien s'exprimer en public. Rassurez-vous et assurez votre auditoire que vous maîtrisez votre sujet et qu'il sera profitable de vous écouter.

CHAPITRE CINQ
Prise de Parole en Public et Présentations

Quel est l'aspect le plus important de la communication non verbale lorsque vous prenez la parole en public ? La confiance en soi ! Le public veut entendre des experts, vous devez donc vous positionner en tant que tel, que vous soyez sûr de vous ou non. Heureusement, la confiance en soi est une qualité que l'on peut simuler, et se comporter avec confiance en soi vous aidera à avoir confiance en vous ! Si vous n'avez pas encore eu l'occasion de vous y intéresser, vous trouverez de plus amples informations sur la boucle de rétroaction positive de la confiance au chapitre 4.

La plupart des gens sont nerveux à l'idée de parler devant un public, en particulier lors de leurs premières interventions. Outre la communication non verbale, dont je parlerai plus en détail dans ce chapitre, il y a quelques éléments à respecter pour préparer un discours. Tout d'abord, vous devez déterminer quels seront les points clés de votre discours. Si vous essayez de mémoriser ou de lire un discours, vous adopterez un mauvais langage corporel, alors évitez cette approche.

Assurez-vous également de répéter votre discours à l'avance. Quelle est la durée de celui-ci ? Veillez à ce que le temps qui vous est imparti soit suffisant.

La préparation contribuera à vous rendre plus confiant. Il existe d'autres façons d'utiliser votre langage corporel pour devenir un orateur efficace.

L'Entrée dans la Salle

Vous avez probablement entendu l'adage selon lequel on n'a jamais deux occasions de faire sa première impression. Cela semble un peu cliché, mais c'est vrai. Votre présentation publique commence à la seconde où vous entrez dans la salle ! Si quelqu'un vous regarde entrer, il doit immédiatement constater que vous dégagez de l'assurance.

Chaque fois que vous êtes devant un public, il est essentiel que vous vous teniez droit et que vous adoptiez une posture appropriée. L'avachissement ne vous apportera aucun respect. Lorsque vous êtes debout, répartissez votre poids sur vos deux pieds. Cela vous aidera à demeurer immobile et à éviter de vous agiter, ce qui vous ferait paraître nerveux. N'oubliez pas qu'un mouvement excessif donne une impression de vulnérabilité et d'impuissance, ce qui est exactement l'opposé de ce que les personnes présentes veulent voir.

Évitez de marcher en vous traînant les pieds. Cela donne l'impression que vous ne savez pas où vous allezet ce n'est pas l'image que vous voulez projeter ! Peu importe si vous savez où vous allez ou non, vous voulez donner cette impression d'assurance. Levez les pieds au fur et à mesure que vous avancez, d'un pas décidé.

De même qu'il est préférable d'éviter de regarder par terre lorsque vous parlez à quelqu'un, ne regardez pas non plus le sol lorsque vous entrez dans une pièce. Un bon moyen d'imposer le respect est de garder la tête et les yeux levés. Par ailleurs, il n'est pas souhaitable de se montrer arrogant. Vous donneriez l'impression d'être prétentieux plutôt que confiant. Et ne soyez pas impoli ! Évitez de marcher sur les pieds et de heurter les gens sur votre passage.

La Préparation et le Début de la Présentation

Dirigez-vous d'un pas assuré vers l'estrade ou vers l'endroit où vous parlerez. Avant de commencer, accordez-vous, ainsi qu'à l'auditoire, un moment pour vous installer. Posez uniformément le poids de votre corps sur vos deux pieds. Établissez un contact visuel avec votre auditoire. Respirez profondément pour vous détendre et pour éviter que la nervosité ne prenne toute la place.

Lorsque vous commencez à donner des présentations, vous pourriez vous sentir rassuré en vous tenant derrière le pupitre de l'estrade. Vous pouvez y poser les mains pour éviter de vous agiter, surtout si vous avez l'habitude de bouger lorsque vous êtes nerveux. En vous tenant solidement à un endroit, vous vous sentirez mieux ancré dans votre environnement. De plus, chaque fois que vous jetterez un coup d'œil, même rapide, vers votre pupitre, vous aurez vos notes à portée de main.

Cependant, le public préfère la suppression du bouclier ou de la barrière qui vous protège lorsque vous vous déplacez sur la scène, en vous éloignant de l'estrade. Une particularité de la nature humaine est que nous avons tendance à favoriser les individus qui sont physiquement plus proches de nous. Par conséquent, rapprochez-vous de votre public, en particulier si vous avez déjà présenté votre exposé à plusieurs reprises et que vous le maîtrisez bien. Vous pourriez mettre l'accent sur un point particulier en faisant un pas vers le public pour le présenter, puis revenir à votre point de départ.

Lorsque vous vous déplacez, ne présentez pas vos concepts clés. Réservez-les pour le moment où vous vous mobiliserez près de vos auditeurs. Rappelez-vous que l'immobilité est synonyme d'autorité et que le fait d'être solidement ancré à un endroit précis aidera l'auditoire à se concentrer sur vos paroles. Terminez votre propos ou votre idée avant de vous déplacer à nouveau.

Les gestes vous permettront de souligner les parties importantes de votre discours. En utilisant des mouvements naturels pour les anecdotes que vous racontez, vous paraîtrez plus sûr de vous. Discutez-vous d'un sujet qui prend de l'ampleur ? Levez les bras, mais pas au-dessus de vos épaules. Si vous n'êtes pas certain de ce qui semble naturel ou qui correspond à votre discours, recherchez des orateurs en ligne qui parlent de votre sujet. Observez leurs présentations. Leurs gestes semblent-ils naturels ? Contribuent-ils à clarifier le sujet ? Si c'est le cas, entraînez-vous à les reproduire.

Comme pour de multiples formes de communication par le langage corporel, vous devez établir un équilibre. Faites des gestes, mais sans excès ! Gesticulez suffisamment pour démontrer votre expertise. Si vous en abusez, vous semblerez nerveux et hésitant. Les gestes nerveux consistent à déplacer votre poids, à vous toucher le visage, les cheveux ou le cou et à faire tourner votre stylo de façon répétée. Vous ne devez pas demeurer immobile au point où le public risque de vous confondre avec un robot ou un automate, mais vous ne devez pas non plus multiplier les gestes au point de paraître erratique et douteux. Choisissez vos mouvements avec modération.

Supposons que vous ayez visionné quelques vidéos et que vous connaissiez les principaux points que vous souhaitez aborder. Comment pouvez-vous intégrer des gestes dans votre discours ? Lorsque vous rédigez votre présentation, ou votre plan (car les discours efficaces ne sont généralement pas écrits mot à mot), repérez les endroits où les mouvements pourraient enrichir la présentation.

Les différents orateurs observés ont-ils utilisé des mouvements pour améliorer leurs discours ? Y a-t-il des anecdotes ou des histoires qui pourraient être illustrées par des gestes ? Quels sont les points importants que le public devrait retenir à la suite de votre exposé ? Renforcez ces points à l'aide du langage corporel.

En identifiant les mouvements que vous souhaitez privilégier, vous pourrez donner plus d'impact à votre discours. Il y a un autre avantage ! Vous saurez ainsi ce que vous devez faire avec vos mains pendant que vous vous exprimez. Si vous les maintenez comme si vous teniez des feuilles de figuier devant votre entrejambe, vous donnerez l'impression de ne pas avoir confiance en vous ! En utilisant vos mains et vos bras pour effectuer des mouvements, elles n'ont aucune chance de vous embarrasser.

Ressentez votre présentation au fur et à mesure que vous l'élaborez. Lorsque Brene Brown prononce un discours, elle tend souvent les bras vers son cœur, ce qui constitue un signe de sincérité et laisse entendre que c'est de cet endroit qu'elle s'exprime.

Les gens prennent des décisions en fonction de leurs émotions et les justifient ensuite par des faits. Si vous parvenez à faire ressentir des émotions à votre auditoire, il sera plus engagé. Cela contribuera également à vous donner plus d'assurance dans votre discours.

Quelles sont les émotions qui vous lient au sujet traité ? Quelles sont celles que vous souhaitez transmettre à votre auditoire ? Comment pouvez-vous les exprimer à l'aide du langage corporel ? Vous pourriez visionner à nouveau les orateurs qui traitent de votre sujet, afin de vous donner des idées. Plus votre public sera impliqué émotionnellement par votre présentation, plus il sera enclin à réagir comme vous le souhaitez.

Vous avez bien répété votre discours, n'est-ce pas ? Faites de même pour vos mouvements. Entraînez-vous à répéter les mouvements qui, selon vous, rendront votre exposé plus puissant et captivant. Vous pouvez vous exercer devant une glace ou enregistrer votre discours et le réécouter plus tard. Les éléments visuels correspondent-ils au langage verbal ? Y a-t-il d'autres passages où vous pourriez recourir à des gestes ? Les orateurs efficaces ont recours à plus de mouvements dans leur discours que les orateurs moins performants. Ajoutez-en davantage s'ils améliorent la clarté ou l'impact de vos paroles.

Un Langage Corporel Incontournable pour s'Approprier la Scène

Une fois que vous aurez répété votre discours et défini votre gestuelle, engagez-vous auprès de votre auditoire lorsque vous le présenterez. Ceux-ci ont accepté de vous écouter (et de vous voir). Ils vous consacrent du temps, alors assurez-vous que ce soit intéressant pour eux. Maintenez leur intérêt pour votre présentation. Veillez à ce que leur attention se porte sur vous, et non sur leur téléphone ou sur le paysage à l'extérieur de la fenêtre.

Comment y parvenir ? Une fois de plus, c'est le langage corporel qui sauve la situation ! Lorsque vous exploiterez ce langage et en maximiserez le pouvoir, les gens seront attirés par vous.

Avez-vous déjà assisté à une présentation d'un conférencier vraiment ennuyeux ? L'avez-vous écouté attentivement ou avez-vous cessé de l'écouter à un moment ou à un autre ? L'avez-vous observé ou avez-vous préféré regarder par la fenêtre, gribouiller dans votre carnet ou encore jouer à des jeux sur votre téléphone ? Avez-vous souhaité désespérément être ailleurs qu'à cet endroit ? Vous avez probablement eu l'impression de perdre votre temps, même si la matière était intéressante ou pertinente.

Évitez d'être ce présentateur ennuyeux. Il est probable qu'il ait lu son texte tout au long de la présentation. Il a peut-être même parlé d'une voix monocorde et monotone. Il n'a pas levé les yeux vers vous. Il a peut-être même lu ses supports mot à mot.

Il est possible qu'il ait été si ennuyeux que vous n'ayez pas pu vous souvenir de son nom par la suite. Ou alors vous l'avez noté pour ne plus jamais assister à l'une de ses conférences ! Pouvez-vous vous souvenir d'un seul point abordé ? Avez-vous même écouté l'un ou l'autre des points soulevés ou étiez-vous complètement déconnecté après quelques minutes ?

Réfléchissez à la façon dont la présentation s'est déroulée… et faites l'inverse. Vous trouverez ci-dessous six façons de vous servir de vos compétences en matière de communication non verbale pour améliorer vos interventions en public. Que vous fassiez une présentation ou un exposé, ces suggestions vous aideront à produire l'impact que vous recherchez.

1. Trouvez un Niveau Approprié de Tension Nerveuse

Vous ne serez probablement pas calme avant votre présentation. Même les orateurs expérimentés éprouvent une certaine nervosité avant de monter sur scène. En fait, un certain niveau d'énergie est bénéfique pour votre présentation et un léger stress est positif. Les neurotransmetteurs et les hormones mentionnés au chapitre 1 contribuent également à votre concentration et à votre clarté, en plus d'augmenter votre rythme cardiaque et votre circulation sanguine.

Est-ce que vous souffrez d'un excès de stress? Dans ce cas, vous vous sentirez agité et vous afficherez un langage corporel nerveux. Vous devrez trouver votre équilibre!

Respirez profondément en inspirant jusqu'à l'estomac et expirez lentement. Vous pouvez également combiner les respirations avec la contraction de vos muscles. Par exemple, serrez les poings à l'inspiration et laissez vos mains se détendre et se relâcher à l'expiration. Lorsque vous décontracterez vos muscles, votre cerveau croira que vous êtes détendu. Les substances chimiques à l'origine des signaux d'anxiété diminueront également.

Il est préférable de soulager le stress dans les coulisses, ou du moins hors de la vue de votre public. Rappelez-vous que vous voulez paraître calme, posé et sympathique. Vos auditeurs n'ont pas besoin de vous voir lutter contre votre nervosité.

2. *Ne Présentez Pas votre Dos à votre Auditoire*

Les êtres humains sont très sensibles aux visages. C'est ainsi que nous obtenons des informations à propos des individus. En fait, notre cerveau est tellement habitué à repérer les visages que nous pouvons les voir dans des objets inanimés comme la lune, les fruits ou les rôties (cet effet est connu sous le nom de *paréidolie*).

Notre fascination pour les visages explique également pourquoi les personnes qui courent ou marchent sur la route doivent courir face à la circulation et non dans le sens de la circulation, comme le font les cyclistes. Les gens ont davantage tendance à voir votre visage, à reconnaître que vous êtes une personne et à éviter de vous heurter !

Les visages et les expressions faciales sont des éléments importants de la communication. Les gens lisent les émotions à partir du langage corporel et non à partir des mots prononcés. Si une personne ne peut pas lire votre expression, elle risque de ne pas comprendre ou d'interpréter le message que vous essayez de transmettre de façon erronée. Votre public doit être en mesure de voir votre visage lorsque vous parlez, afin qu'il comprenne ce que vous lui dites.

En détournant le regard de vos interlocuteurs, vous rompez également le lien qui vous unit à eux. Vous êtes-vous déjà senti engagé lorsque quelqu'un vous tournait le dos ? Bien sûr que non, vous vous connectez avec des personnes dont vous pouvez voir le visage. Pourquoi les webinaires et les vidéoconférences en ligne sont-ils si populaires ? Parce que les participants peuvent voir leurs interlocuteurs.

Pour que le public s'engage dans votre discours, vous devez vous connecter avec les participants. Pour y parvenir, il ne doit pas regarder votre dos ou votre profil. Ils doivent vous observer de face.

3. *Évitez de Regarder vos Notes*

Avez-vous déjà assisté à la présentation d'un orateur extraordinaire, en direct ou en vidéo ? Il retenait votre attention et son discours était clair et cohérent. Vous ne pouviez pas le quitter des yeux. Qu'est-ce qu'il faisait ? Il ne consacrait probablement pas de temps, si ce n'est aucun temps, à regarder ses notes. Il s'adressait à son public. Il établissait un contact visuel avec les participants dans la salle et interagissait avec eux.

Si vous fixez vos notes, par définition, vous n'interagissez pas avec les gens qui sont là pour vous écouter. Comment interagir avec eux ? Certainement pas en détournant le regard ou en regardant le pupitre devant vous.

De plus, si vous ne regardez pas votre auditoire, vous ne dégagerez pas de confiance en vous. Si vous fixez vos notes en permanence, vous donnerez l'impression d'être obligé d'agir ainsi parce que vous ne maîtrisez pas votre sujet. À l'inverse, une personne qui consulte à peine ses notes, voire pas du tout, sait manifestement de quoi elle parle !

Identifiez les points importants que vous souhaitez aborder. Notez des mots-clés et des phrases qui vous rappelleront ces points. De cette façon, il vous suffira de jeter un coup d'œil de temps à autre pour vérifier que vous n'avez rien oublié, tout en vous adressant à votre auditoire, qui aura l'impression que vous maîtrisez votre sujet et que vous leur parlez en connaissance de cause.

4. Regardez Attentivement votre Auditoire

En posant votre regard au-dessus de la tête des participants pendant que vous leur parlez, vous vous déconnectez d'eux. Ils pourront constater que vous regardez au-dessus d'eux, et non pas en leur direction. Est-ce que vous croyez que ça donne l'impression d'être confiant ? Non, pas du tout ! Ils l'interpréteront comme de la nervosité, ce qui est fort probable.

Rappelez-vous que vous êtes là en tant qu'expert dans le domaine abordé. Même si vous ne vous sentez pas confiant, vous devez donner l'impression d'être confiant. Établissez un contact visuel avec certaines personnes de l'auditoire. C'est le geste d'un orateur qui a confiance en lui et qui maîtrise son sujet. Même les auditeurs que vous ne regardez pas à ce moment précis respecteront vos connaissances.

Le contact visuel établit également un lien direct entre vous et l'individu que vous regardez. Même si vous êtes le seul à parler, votre interlocuteur aura l'impression d'avoir une conversation plutôt qu'un monologue. Ce contact lui donnera l'impression que vous comprenez les difficultés qu'il a rencontrées et que vous avez élaboré une solution sur mesure pour lui.

Lorsque vous vous déplacez sur scène, maintenez le contact visuel tout au long d'une phrase ou d'une idée avant de passer à la personne et à l'idée suivantes. Sinon, la connexion sera rompue ou le contact semblera plus accidentel que délibéré.

5. *Gardez votre Corps Tourné vers le Public et Effectuez les Gestes que vous avez Pratiqués*

Lorsque vous semblez sur vos gardes, vous donnez l'impression que vous ne voulez pas être présent ou que vous n'êtes pas d'accord avec ce que vous dites. Dans les deux cas, ce n'est pas une attitude positive. Celle-ci suggère que vous n'avez pas confiance en votre message et que vous ne voulez pas vous engager avec votre public.

Même si c'était vrai, vous ne voudriez pas le transmettre à vos auditeurs ! Évitez de croiser les bras ou de tenir vos notes comme une barrière entre vous et votre auditoire. Il s'agit d'une excellente occasion de vous éloigner de l'estrade et d'éliminer le bouclier entre vous et l'auditoire. C'est une position vulnérable, mais lorsque vous agissez de manière délibérée, vous faites preuve de confiance.

Il est toujours ennuyeux de regarder quelqu'un se tenir parfaitement immobile, qu'il soit derrière un pupitre ou non! S'approcher du public vous permettra également d'être plus sympathique. Plus vous êtes à proximité des gens, plus ils se sentent liés à vous et à ce que vous leur dites. Il est évident que vous devrez maîtriser votre contenu, de sorte que vous puissiez laisser vos notes de côté pour vous engager.

Lorsque vous vous dirigez vers vos auditeurs pour leur faire part d'un point important, assurez-vous de ne pas vous déplacer pendant que vous expliquez ce point. Posez vos pieds fermement jusqu'à ce que vous ayez terminé. Vous pourrez ensuite revenir à votre position initiale en marchant.

Vos gestes peuvent avoir un impact considérable, surtout si vous êtes immobile. Comme vous aurez pratiqué ces mouvements, ils seront naturels et se produiront de manière appropriée au cours de votre présentation. Vous ne lèverez pas les bras lorsque vous parlerez de la baisse d'un chiffre statistique, par exemple. Si vous parlez naturellement avec les mains, comme c'est le cas pour de nombreuses personnes, ne vous en privez pas. Vos mouvements naturels paraîtront authentiques.

Plus vous utiliserez des mouvements adéquats au cours de votre discours, mieux ce sera. Le public accorde une meilleure évaluation aux orateurs qui utilisent plus de gestes qu'à ceux qui en utilisent moins. Comme toujours, faites preuve d'équilibre! Lorsque vous agitez les bras sans raison apparente, cela n'ajoute rien à votre discours et nuit à votre présentation.

6. Évitez les Postures de Pouvoir *Pendant* la Présentation

J'ai évoqué l'impact de ces dernières dans le chapitre précédent. En adoptant une posture de pouvoir, vous vous sentirez plus confiant, ce qui vous permettra de vous exprimer avec plus d'assurance. Plus vous serez confiant, plus les gens seront réceptifs. Par conséquent, si vous vous sentez nerveux ou si vous avez besoin d'un regain de confiance, vous pouvez adopter une posture et la maintenir à quelques reprises en coulisses, ou dans un autre endroit, hors de la vue du public.

Pourquoi pas devant le public? Comme je l'ai mentionné précédemment, les gens ne veulent pas se rendre compte que vous essayez d'être plus confiant. Ils veulent voir une personne confiante dès qu'ils vous aperçoivent.

De plus, ces postures ont généralement un aspect agressif. Se tenir dans la position de *Superman*, les jambes à l'écart et les mains sur les hanches, peut paraître intimidant. En tant qu'orateur, vous voulez que le public vous respecte et reconnaisse votre confiance en vous. Vous ne voulez pas qu'il ait l'impression que vous essayez de le dominer ou de l'intimider.

Un présentateur engageant n'essaie pas de forcer l'auditoire à faire quoi que ce soit, même si votre discours comporte un appel à l'action, comme c'est le cas pour la plupart d'entre eux. Vous souhaitez que les participants soient convaincus que vous avez un message qui leur est utile. C'est pour cette raison qu'ils doivent vous écouter, et non parce que vous les intimidez pour qu'ils agissent.

Le Charisme et le Langage Corporel

Vous avez probablement entendu parler des personnes charismatiques, et vous avez peut-être même rencontré des gens très charismatiques. L'ancien président des États-Unis, Bill Clinton, était réputé pour son charisme. Lorsqu'il s'adressait à une personne, quelle qu'elle soit — un chauffeur de camion, une serveuse de restaurant, un opposant politique —, celle-ci avait l'impression d'être la seule personne présente dans la pièce.

Le public aime généralement écouter les personnes charismatiques et apprendre des enseignements de celles-ci. En général, il est plus facile de s'engager avec elles qu'avec des personnes moins charismatiques. Heureusement, même si vous n'êtes pas convaincu de disposer de cette caractéristique à l'heure actuelle, vous pouvez l'apprendre et l'exercer, comme vous pouvez le faire avec le langage corporel.

Comment définit-on le charisme ? C'est la confluence de trois facteurs : la présence, le pouvoir et la cordialité.

La présence, c'est le fait d'être dans le moment présent. Lorsque vous parlez à quelqu'un, concentrez-vous sur lui. Comme l'a démontré Clinton, la personne à qui vous parlez est la seule présente dans la pièce en ce moment précis. Vous ne regardez pas votre téléphone, vous ne pensez pas à vos chaussures et vous ne cherchez pas à savoir si une personne plus intéressante est entrée dans la pièce. La présence est un signe de respect et un moyen d'entrer en communication. Vous ne pouvez pas dialoguer avec quiconque, et encore moins avec un public, si vous avez l'esprit ailleurs.

Le pouvoir est la capacité d'influencer les gens. Lorsqu'il est à l'état brut, il n'est ni engageant ni sympathique. C'est l'intimidateur à l'école qui prend l'argent de votre déjeuner parce qu'il est plus grand que vous. Sans présence ni cordialité, le pouvoir est dominateur, agressif et conflictuel. Il est alors difficile de s'y identifier. Or, le but d'une présentation est de créer un lien avec votre public et de le placer dans une position qui l'inciterait à vous suivre, à accepter votre appel à l'action ou tout autre objectif de votre discours. En d'autres termes, votre présentation vise à sensibiliser l'auditoire et à l'influencer.

La cordialité vous confère un air amical et accessible. En soi, elle ne vous permettra pas de réussir. Être aimable et chaleureux avec les gens est une caractéristique appréciable, mais ce n'est pas suffisant. Lorsque vous la combinez avec le pouvoir et la présence, vous atteignez un équilibre. Vous ne vous laissez pas envahir, mais vous n'êtes pas non plus un paillasson. Vous devenez un leader accessible, qui exerce son influence pour aider les gens, et non pour leur nuire.

Le charisme est à la portée de tous. Vous ne serez peut-être pas un second Bill Clinton, mais vous pouvez accroître votre présence en vous montrant attentif lorsque vous vous adressez aux gens. En étant plus confiant, vous êtes également plus apte à influencer votre entourage. Et même si vous n'êtes pas d'un naturel enthousiaste et enjoué, vous pouvez recourir au langage corporel pour vous montrer un peu plus cordial. Le charisme consiste à vaincre les obstacles qui vous empêchent d'améliorer les trois caractéristiques qui suivent. Je vous propose de le faire en trois étapes.

1. Soyez à l'Aise avec l'Inconfort

Il est normal que nous en éprouvions tous à un moment ou à un autre. Vous n'êtes pas différent, alors ne le laissez pas vous perturber. Les exercices de respiration, la méditation, la maîtrise des impulsions peuvent vous aider à supporter l'inconfort jusqu'à ce que vous puissiez le surmonter.

Si vous êtes une personne cordiale, mais qui n'a pas de pouvoir, il se peut que vous ressentiez un certain malaise à l'idée d'accroître votre capacité à influencer les gens. C'est normal. Mais vous ne devez pas cesser d'y travailler pour autant.

2. *Neutralisez vos Pensées Négatives*

Une pensée n'est que le produit de signaux cérébraux aléatoires, et elle n'est pas nécessairement vraie. Si vous avez une voix intérieure qui est toujours critique, attribuez-lui un nom. Ces pensées négatives ou ces critiques excessives ne proviennent pas de vous, mais de « Nathan le Négatif» ou de « Nellie la Négative».

Lorsque votre voix négative se manifeste, vous saurez que c'est « Nathan le Négatif» qui parle ! Il dira peut-être quelque chose comme «Je ne peux pas faire ça». Si vous transformez cette phrase en une pensée neutre, elle pourrait ressembler à ce qui suit : «Je ne peux pas faire ça maintenant». «Je ne peux pas le faire maintenant parce que je n'ai pas le temps de m'y attaquer, et c'est normal». «Je ne peux pas le faire et je ne suis pas obligé de le faire si je ne le veux pas».

3. *Découvrez le Côté Positif*

Après avoir reconnu la pensée négative, quels sont les aspects positifs de la situation ? Pouvez-vous imaginer un moyen d'améliorer la situation ?

Lorsque « Nellie la Négative» vous dit : «Je ne peux pas faire ça», le côté positif pourrait être : «Je ne peux pas faire ça tout de suite, mais j'apprendrai à le faire et dans quelques mois, je serai capable». Ou encore : «Je ne peux pas faire ça, mais je peux faire quelque chose d'autre qui améliorera ma vie».

Ces suggestions ne préconisent pas d'ignorer les pensées négatives, puisque ça ne servirait à rien, car votre cerveau reconnaît leur présence. Cette reconnaissance des pensées négatives et leur remplacement par des pensées neutres et, plus tard, positives vous permettront de surmonter l'inconfort.

La réduction des barrières, ou l'élimination des obstacles, si vous préférez, est un moyen de vous aider à développer le charisme que vous recherchez. Certains gestes du langage corporel peuvent également y contribuer.

Nous avons déjà abordé certains d'entre eux dans les paragraphes ou les chapitres précédents. Par exemple, maintenez une posture de puissance. Rappelez-vous que les gens veulent être influencés par une personne qui a confiance en elle. Le fait de se tenir droit, avec une posture ouverte et non défensive, est un excellent moyen de projeter de l'assurance.

Adoptez le style de Bond, James Bond. Cherche-t-il à plaire à d'autres personnes ? Avez-vous parfois l'impression qu'il cherche l'approbation des gens ? Bien sûr que non. Il est la définition cinématographique de la confiance en soi ! Sa posture est royale et confiante, il n'est pas agité et n'a pas besoin d'être rassuré. Il est un excellent modèle pour ceux qui souhaitent faire preuve de charisme sans tomber dans l'arrogance lorsqu'ils essaient d'accroître leur pouvoir. Cependant, il convient de rechercher l'équilibre. N'en faites pas trop et ne vous montrez pas distant ou au-dessus de tout ! Souvenez-vous que le pouvoir doit être tempéré par la cordialité et la présence.

Un bon moyen d'accroître votre charisme est de refléter la personne à qui vous parlez, dans la mesure où elle est dans un état d'esprit positif ! Si la personne est avachie et détourne le regard, vous n'avez pas intérêt à refléter son langage corporel. Vous pouvez néanmoins imiter un geste, comme un mouvement de la main ou une gorgée d'eau. Vous ne ferez peut-être pas exactement le même geste, mais vous l'amplifierez ou le réduirez. Reflétez les gestes normaux avec lesquels vous êtes à l'aise. S'ils font quelque chose d'inhabituel ou qui ne correspond pas à votre corps, vous n'avez pas à le reproduire.

Le fait d'imiter les gestes de votre interlocuteur vous permettra d'améliorer votre présence. Pour reproduire ce que font les gens, vous devez être conscient de ce qu'ils font. En regardant vos chaussures ou en cherchant la sortie, vous ne remarquerez pas les mouvements qu'ils produisent. Le mimétisme accroît également votre cordialité, du point de vue de l'autre personne. Nous imitons ceux que nous aimons. Si vous les imitez, c'est que vous les estimez. Si vous vous sentez bien avec eux, il y a de fortes chances que votre interlocuteur vous trouve sympathique et amical.

Et s'ils sont en colère ? Vous n'avez pas à reproduire leurs poings serrés ou leurs postures d'affrontement ! Rompez leur comportement colérique en leur demandant de tenir quelque chose. Offrez-leur une boisson. Ils devront desserrer leur poing pour prendre ce que vous leur offrez. Ensuite, utilisez votre propre langage corporel positif. Souriez, tenez-vous droit et utilisez des gestes positifs. Une fois qu'ils auront retrouvé leur calme, vous pourrez les refléter.

Vous pouvez également choisir de vous éloigner. Dans le prochain chapitre, j'expliquerai en détail les façons de nouer des liens avec des personnes que vous souhaitez réellement rencontrer. La décision de ne pas s'engager ou de ne pas développer une relation avec une personne en colère est un choix tout à fait valable. Plutôt que de tenter de calmer l'humeur d'une autre personne, vous pouvez vous en éloigner. Ainsi, vous pourriez envisager de vous entraîner à accroître votre charisme avec une autre personne.

Résumé du Chapitre

- La confiance en soi est la clé du succès pour parler en public. Feignez jusqu'à ce que vous réussissiez! Vous pourriez avoir besoin de vous stimuler avant la présentation, mais faites-le en privé.
- Rentrez dans la salle et marchez vers la scène comme si vous saviez exactement où vous allez et ce que vous ferez une fois sur place.
- En préparant votre discours, réfléchissez au langage corporel qui devrait accompagner vos paroles. À quel moment pourriez-vous effectuer des gestes, vous déplacer ou manifester de l'émotion? Observez un bon orateur traitant de votre sujet pour vous en inspirer.
- Pendant la présentation, maintenez votre langage corporel pour que le public se sente engagé et lié à vous. Tenez vous droit, approchez-vous des auditeurs et établissez un contact visuel.
- Le charisme est une compétence qui s'apprend et qui repose sur trois facteurs : la cordialité, le pouvoir et la présence. Le langage corporel peut vous aider à améliorer chacun de ces facteurs.
- L'apprentissage d'une attitude plus charismatique signifie que vous devrez surmonter des obstacles courants tels que l'inconfort et les pensées négatives.
- Pour accroître votre pouvoir, utilisez des postures confiantes, tels que se tenir droit et marcher avec détermination.
- Pour augmenter la cordialité et la présence, reflétez les mouvements de l'autre personne.

Dans ce chapitre, nous avons beaucoup discuté de la capacité à créer des liens et à s'engager avec d'autres personnes. Dans le prochain, nous nous servirons de ces compétences pour développer des relations plus profondes avec les gens.

CHAPITRE SIX
Établir de Véritables Liens

La création de liens avec d'autres personnes est une aptitude importante pour la survie des êtres humains. Même les individus introvertis ont besoin d'une communauté ! Celle-ci peut être plus modeste que celle des extravertis, mais quoi qu'il en soit, la communication avec autrui est essentielle pour mener une vie heureuse et enrichissante. Chaque individu a besoin d'entretenir des liens profonds et fiables avec certaines personnes.

Il n'est pas toujours évident de trouver quelqu'un avec qui entretenir ce type de relation constructive. Bien que cette relation puisse être romantique, elle ne doit pas nécessairement l'être. Il peut aussi s'agir d'une amitié sincère où vous comptez l'un sur l'autre dans les moments difficiles.

La communication non verbale est un élément essentiel pour découvrir les gens et apprendre à les connaître davantage. La capacité à interpréter le message d'une autre personne vous permet de déterminer si elle souhaite établir un lien avec vous. Plus votre langage corporel sera sympathique, plus vous augmenterez vos chances d'entrer en contact avec une autre personne.

Lorsqu'il est bien maîtrisé, le langage corporel permet de rendre la communication plus claire. Les changements de tonalité, les expressions faciales et les gestes contribuent à optimiser le message et à le rendre plus compréhensible pour d'autres personnes. Lorsque vous rencontrez quelqu'un pour la première fois, vous aurez de meilleures chances de saisir ce qu'il vous communique si vous êtes en mesure d'interpréter ses signaux non verbaux. Vous pourrez également déterminer si vous souhaitez consacrer davantage de temps à cette personne ! D'un autre côté, en sachant quel langage corporel vous rend plus (ou moins) sympathique, vous attirerez plus facilement les bonnes personnes.

Les Indices Courants que les Gens vous Envoient

Certains indicateurs du langage corporel sont évidents dans ce qu'ils expriment. Ils indiquent sans ambiguïté si l'émotion ou l'humeur est positive ou négative. D'autres indices, en revanche, sont ambigus et il vous faudra sans doute un peu plus d'effort avant de parvenir à les décoder. Voici quelques-uns des indicateurs classés par ordre de clarté et d'humeur.

1. *Absolument Positif*

Un sourire (authentique) indique que la personne s'intéresse à vous et à ce que vous avez à communiquer. Si le sourire est crispé ou qu'il ne parvient pas jusqu'à ses yeux, le message est tout autre !

Les gens ont tendance à se rapprocher physiquement de ceux qu'ils estiment ou avec lesquels ils se sentent à l'aise. Par conséquent, une personne intéressée par ce que vous avez à communiquer sera probablement près de vous ou se rapprochera de vous.

Un contact léger (non violent), comme une tape sur l'épaule, vous permettra de constater que la personne à qui vous parlez est à l'aise avec vous. En fonction de votre relation, le toucher peut prendre la forme d'une étreinte ou d'une tape sur l'épaule, le bras ou le dos. Avez-vous déjà serré quelqu'un dans vos bras alors que vous n'aimiez pas être avec lui ? Moi non plus !

Le toucher a également des connotations culturelles. Les États-Uniens ont tendance à préférer un espace personnel plus important, et ils sont également moins enclins à recourir au toucher dans leurs conversations. D'autres cultures nécessitent moins d'espace personnel. Elles utilisent le toucher plus fréquemment avec les personnes qui les rendent à l'aise.

Une démarche vigoureuse et confiante ? Voilà une personne sûre d'elle. Tant qu'elle ne se montre pas démesurée, ce n'est pas une démonstration d'arrogance. Les personnes confiantes ont normalement tendance à donner l'impression qu'elles savent où elles vont, que ce soit le cas ou non !

Les moments de joie se manifestent par un regard vers le ciel. Ce n'est pas nécessairement vous qui avez provoqué la joie de quelqu'un, mais vous pouvez le considérer comme un signe pour vous approcher de la personne. Il est beaucoup plus aisé de faire connaissance avec une personne qui est dans un état d'esprit positif.

Un individu qui vous regarde dans les yeux s'intéresse à vous et veut en savoir plus. Si vous discutez et que la personne vous regarde droit dans les yeux, c'est le signe qu'il y a sans doute un lien qui vous unit !

2. *Négatif Sans Équivoque*

À l'inverse, le fait de ne pas vous regarder dans les yeux indique que l'autre personne n'est pas intéressée, surtout si elle baisse les yeux ou regarde autour d'elle, soit pour trouver quelqu'un de plus intéressant, soit pour détecter une issue afin de pouvoir se libérer. Elle pourrait consulter son téléphone ou même se contenter de fermer les yeux. Elle n'affiche pas un véritable sourire non plus, bien qu'elle puisse en afficher un faux.

Il se peut aussi qu'elle soit agitée. Vous remarquerez que la personne tambourine ses mains sur la table ou sur ses propres jambes. Il se peut aussi qu'elle tape du pied. Cette agitation des mains et des pieds est généralement un signe d'ennui. Si vous observez quelqu'un qui fait les cent pas, changez de tactique. Il tente de vous communiquer un message !

Au lieu d'ajuster ce que vous faisiez, vous pourriez envisager de vous éloigner et de trouver quelqu'un qui ne s'ennuie pas aussi manifestement en votre présence !

Si vous observez quelqu'un qui se frotte les yeux, c'est peut-être qu'il est fatigué. D'un autre côté, il peut envoyer un message d'impatience, en particulier s'il enlève ses lunettes et se frotte l'arête du nez.

Plutôt que de manifester de l'ennui à votre égard, cette personne peut se sentir mal à l'aise ou sur la défensive. A-t-elle les bras croisés ? Elle essaie probablement de se protéger de vous. C'est un geste défensif qui vous indique qu'elle ne se sent pas très à l'aise en votre présence.

Un autre signe évident de nervosité est le raclement de gorge. Il arrive que des rhumes ou des allergies provoquent des écoulements nasaux. Mais si leur voix est claire et que la personne affiche d'autres signes de nervosité ou d'ennui, ce n'est pas un rhume qui est à l'origine de ce raclement de gorge.

Si vous constatez que quelqu'un exprime de la colère, demandez-vous si vous avez vraiment l'intention de l'approcher. Il vous sera beaucoup plus ardu d'exercer votre influence sur le langage corporel d'une personne qui n'est pas du tout disposée à le faire. Sa colère n'a peut-être rien à voir avec vous. Il peut s'agir de la personne à qui elle vient de parler ou d'une situation qu'elle vient de traverser. Quoi qu'il en soit, sur le moment, il importe peu que vous soyez ou non à l'origine de sa colère. Il est beaucoup plus simple d'approcher une personne qui présente des signes positifs, comme nous l'avons vu précédemment.

Soyez attentif à une personne qui se tient debout, les mains sur les hanches. Elle est probablement en colère et a probablement épuisé toute sa patience.

Leurs mains sont-elles crispées en poings ? Donnez-leur de l'espace personnel, car c'est souvent le présage d'une violence imminente. Si vous n'avez pas besoin d'interagir avec eux, abstenez-vous.

Vous avez sans doute déjà remarqué que les enfants piétinent lorsqu'ils sont en colère, frustrés ou qu'ils n'ont pas obtenu ce qu'ils voulaient. Il s'avère que ce comportement s'applique également à certains adultes ! Si vous voyez un adulte trépigner, c'est qu'il est probablement en colère ou qu'il tente de vous intimider. Vous n'avez certainement pas avantage à tenter de communiquer avec quelqu'un qui piétine pour vous effrayer, comme le ferait un ours ou un chien sauvage !

3. *Comportements Ambigus*

a. Mains Derrière le Dos

Lorsque vous observez cette posture, soyez conscient qu'il faudra analyser d'autres éléments du langage corporel pour vous assurer de saisir le bon message.

Dans l'armée, la position debout avec les mains derrière le dos est un signe de respect. Si vous parlez à quelqu'un qui est ou a été dans l'armée, c'est probablement ce que son corps vous communique. Les personnes qui manifestent leur respect veulent éventuellement établir une relation.

Comme je l'ai mentionné dans un chapitre précédent, l'ouverture d'esprit se traduit par l'exhibition des mains. Ce geste prouve que vous ne portez pas d'arme, ce qui était le cas il y a des centaines d'années. C'est un signe de vulnérabilité qui démontre que vous êtes suffisamment confiant pour vous diriger vers une autre personne sans être armé.

Par conséquent, si quelqu'un a les mains derrière le dos, que cache-t-il ? Cette gestuelle peut signifier que la personne n'est pas digne de confiance. Elle pourrait être intéressée par une relation avec vous, mais vous n'avez peut-être pas envie de réciproquer.

D'un autre côté, la dissimulation des mains peut également être considérée comme un signe de pouvoir. Dans ce cas, les mains derrière le dos révèlent une personne qui cherche à dominer ses interlocuteurs. En d'autres termes, ils ne sont pas particulièrement intéressés par ce que vous avez à leur communiquer.

b. Projeter le Torse vers l'Avant

Ce geste a tendance à être réservé à l'un ou l'autre des genres, bien que les hommes et les femmes puissent ressortir leur poitrine pour différentes raisons.

Les hommes le font généralement pour intimider leurs interlocuteurs. Comme de nombreux cousins du règne animal, ils essaient de paraître plus grands pour manifester leur pouvoir. Ils cherchent à se montrer puissants. Il s'agit souvent d'une tentative d'intimidation de la part des hommes. Mais il peut aussi s'agir d'une communication non verbale pour attirer la gent féminine.

En général, les femmes mettent leur poitrine en évidence pour attirer les hommes, plutôt que pour les intimider. Mais elles l'utilisent parfois comme un jeu de pouvoir.

c. Le Regard Fixe

Les messages qui se dissimulent derrière ce signe corporel sont assez similaires à ceux qui se cachent derrière la tactique du torse bombé. Il n'est peut-être pas spécifique au genre de la personne, mais les motifs de domination ou d'attirance sont les mêmes.

L'autre personne vous regarde peut-être parce qu'elle vous trouve attirant. Elle veut que vous la regardiez en retour ou que vous répondiez d'une manière positive.

Il se peut aussi qu'elle vous observe parce qu'elle se livre à un concours de pouvoir. Le premier qui rompt le regard perd. Le dominateur de la paire n'est pas le premier à rompre le regard.

Qu'il s'agisse d'un signe de domination ou d'attirance, le message est généralement assez évident pour la personne qui le reçoit. Si ce n'est pas le cas, d'autres indices du langage corporel vous aideront à déterminer ce que la personne essaie de vous communiquer.

d. Incliner la Tête d'un Côté

L'inclinaison de la tête indique souvent la confusion. Avez-vous déjà vu ces photos de chiens où un humain leur parle et où ils penchent la tête d'un côté à l'autre pour tenter de le comprendre ? Les humains font de même, bien que nous ayons l'air moins aimables lorsque nous inclinons la tête.

Cependant, le fait d'incliner légèrement la tête peut être un signe d'intérêt que vous portez à votre interlocuteur. Une personne qui penche la tête pendant que vous lui parlez et qui n'a pas l'air perplexe peut simplement vous indiquer qu'elle est intéressée par ce que vous lui dites.

Souhaitons que la plupart des lecteurs de ce livre n'aient pas à s'inquiéter de ce qu'une inclinaison de la tête peut envoyer ! Dans les endroits où il y a généralement de la tension, comme en prison ou sur un ring de boxe professionnelle, l'inclinaison de la tête représente un enjeu.

Accroître votre Sympathie

Vous n'êtes pas convaincu que la cordialité soit un élément clé des relations ? Permettez-moi de vous poser une question. Ressentez-vous le besoin de tisser des liens avec une personne que vous n'aimez pas ? Probablement pas ! De même que vous ne donnez généralement pas d'accolades aux personnes avec lesquelles vous n'êtes pas lié d'amitié, vous n'établissez pas non plus de liens avec celles qui ne sont pas vos alliées. Les autres personnes se comportent également de la même manière.

À tout le moins, la plupart des individus doivent se sentir à l'aise avec une autre personne pour établir une véritable relation avec elle. Si vous cherchez à nouer des liens ou à approfondir ceux que vous entretenez déjà, vous devez vous assurer que les gens se sentent à l'aise avec vous, ce qui implique que vous soyez sympathique et ouvert. Si vous semblez sur la défensive, nerveux ou fermé d'une manière ou d'une autre, les gens ne se sentiront pas à l'aise avec vous. Ils n'auront pas l'impression de pouvoir apprendre à vous connaître.

Bien entendu, il n'est pas forcément évident de rencontrer de nouvelles personnes pour nouer de nouvelles relations, et cela peut être encore plus ardu pour les personnes introverties. En mettant les gens à l'aise lors de votre première rencontre, vous avez plus de possibilités de créer des liens au fil du temps. Si vous êtes introverti, vous vous contenterez de quelques relations proches, car vous préférez limiter les interactions avec les étrangers à ce qui est absolument nécessaire. Par conséquent, si vous pouvez nouer des relations immédiates avec des personnes qui partagent les mêmes idées que vous, vous pourrez développer votre réseau plus rapidement. En prime, vous n'aurez pas à rencontrer de nouvelles personnes aussi fréquemment !

Si vous êtes extraverti, le fait de vous montrer sympathique dès la première rencontre vous permettra de cultiver plus de relations. Vous n'aurez pas à consacrer autant de temps au développement de la relation puisque vous aurez débuté sur une base positive.

Que vous soyez introverti, extraverti ou ambivalent, vous pouvez recourir à la communication non verbale pour rendre les gens plus à l'aise avec vous dès la première rencontre.

Cependant, avant d'être sympathique, vous devez être présentable. Il n'est pas nécessaire de se vêtir de sa plus belle robe de bal ou d'un smoking coûteux pour se rendre à un événement de réseautage, sauf si c'est la coutume dans votre secteur d'activité, bien entendu !

Cependant, cela signifie que vos vêtements et vos accessoires doivent être soignés. Il en va de même pour vos dents, vos ongles et vos cheveux. Encore une fois, je ne prétends pas que vos dents doivent être d'une blancheur éclatante ou que vous devez prendre rendez-vous dans un salon de coiffure chaque fois que vous vous rendez à un événement ! Vous ne souhaitez pas que les gens agitent leurs mains devant leur visage parce que vous avez mauvaise haleine ou que vos ongles donnent l'impression que vous avez déterré des cadavres avant d'arriver à l'événement. Une coupe de cheveux est utile, mais vous devriez à tout le moins être coiffé.

Dans certains cas, vous pourriez vous vêtir d'une manière plus décontractée. Des sandales, des shorts ou des jeans déchirés (à condition qu'ils soient propres !) peuvent être acceptables. Si vous n'êtes pas convaincu, portez des vêtements plus élégants, comme un pantalon avec une chemise boutonnée. Le cas échéant, les robes sont parfois adaptées aux événements, et elles sont simples à porter. Assurez-vous que vos chaussures ne sont pas éraflées, poussiéreuses ou souillées avant de partir.

En outre, évitez de dégager une forte odeur, que ce soit une bonne ou une mauvaise odeur. Si vous avez une mauvaise odeur corporelle, veillez à l'éliminer avant de partir. Mais ne vous enduisez pas de parfum ou d'après-rasage ! De nombreuses personnes sont sensibles aux parfums, et elles ne seront pas particulièrement sympathiques si votre eau de Cologne leur donne la migraine.

Maintenant que vous êtes présentable, adoptez un langage corporel positif afin d'obtenir de bons résultats. La cordialité est essentielle pour que les gens vous considèrent et vous fassent confiance, comme je l'ai expliqué dans le dernier chapitre sur le charisme. Employez un langage corporel qui vous permettra de faire preuve de cordialité et de confiance.

Bien que ce livre traite spécifiquement de la communication non verbale, avez-vous déjà entendu le conseil suivant : parlez un peu moins de vous et posez plus de questions sur l'autre personne ? Les gens aiment parler d'eux-mêmes. Ils aiment sentir que leur entourage s'intéresse à ce qu'ils ont à dire. Lorsqu'ils parlent un peu plus d'eux-mêmes, paradoxalement, ils se sentent plus amicaux envers vous ! Ils s'adonnent à une activité agréable, et leur cerveau les récompense en leur fournissant des substances chimiques qui leur procurent du plaisir. Et vous êtes présent, associé à ces sentiments positifs.

Cependant, comme toujours, vous devez trouver un équilibre. S'ils ont également entendu ce conseil, ils voudront en savoir davantage sur vous. Lorsque vous posez des questions, essayez de ne pas les expédier comme si vous vouliez les interroger ! Cette attitude ne leur semblera pas cordiale et amicale.

Lorsque vous discutez avec une personne avec laquelle vous aimeriez nouer des liens, il est préférable d'être associé aux substances chimiques du cerveau qui favorisent le bien-être. Que l'autre personne soit consciente ou non de ce qui se produit, ou du mécanisme exact que vous connaissez grâce à la lecture de ce livre. Heureusement, vous pouvez produire cet effet par le biais de la communication non verbale. Vous trouverez ci-dessous dix façons de mettre votre interlocuteur en confiance par rapport à lui-même et par rapport à vous.

1. *Un Sourire Authentique*

Il est amusant de constater que cette question revient régulièrement dans les discussions sur le langage corporel ! Si vous ne disposez que de peu de temps pour améliorer votre communication non verbale, alors travaillez votre sourire. Il n'est pas nécessaire d'avoir un sourire d'une blancheur aveuglante et des dents parfaitement droites. Il suffit d'un sourire chaleureux qui exprime « Je suis heureux d'être ici avec vous en ce moment ».

Un sourire authentique ne s'affiche pas brièvement. Maintenez-le tout en vous approchant de votre interlocuteur, afin qu'il sache que votre sourire est sincèrement dirigé vers lui. Lors d'une conversation, le sourire transmet toujours de la cordialité.

2. *Le Toucher Positif*

Certaines personnes ne sont pas très réceptives au toucher physique, mais il s'agit d'une méthode de communication très efficace. Il signale que vous êtes à l'aise avec l'autre personne et que vous vous sentez bien avec elle, ce qui l'incite à l'être à son tour.

En d'autres termes, lorsqu'il s'agit de transmettre des messages par le langage corporel, faites aux autres ce que vous aimeriez qu'ils fassent pour vous !

Seriez-vous enclin à gratifier votre ennemi d'une petite tape dans le dos ? Ou toucheriez-vous brièvement le bras d'une personne que vous estimez peu pendant que vous conversez avec elle ? Bien sûr que non. Cette communication est réservée aux personnes que vous affectionnez.

L'ocytocine est l'une des hormones qui jouent également le rôle de neurotransmetteur. Elle favorise les liens entre les êtres humains et elle est libérée lorsque vous touchez ou vous êtes touché par une autre personne. On pense également qu'elle stimule la confiance entre les personnes lorsqu'elle circule dans le cerveau. Dans le corps, sous forme d'hormone, l'ocytocine contribue à la relaxation et à la réduction du stress et de l'anxiété.

Vous comprenez donc pourquoi le fait de toucher d'autres personnes peut être si bénéfique ! Il favorise la libération d'une substance chimique qui incite les gens à agir à peu près comme vous le souhaitez ! Soyez calme et détendu, afin qu'ils se sentent à l'aise en votre compagnie. Comme toujours, n'en faites pas trop, surtout si vous ne connaissez pas l'autre personne. Un excès de contacts pourrait être interprété comme étant intimidant, et non comme un lien affectif.

Veillez également à ce que votre poignée de main soit appropriée. En serrant la main de votre interlocuteur, vous démontrez votre cordialité, votre ouverture d'esprit, ainsi que votre confiance en vous. Évitez les poignées de main timides. En effet, celles-ci vous donneront une image de vulnérabilité, ce qui n'est pas le but lorsque vous rencontrez de nouvelles personnes.

Par ailleurs, vous ne souhaitez pas broyer les os de votre interlocuteur. Ce serait une approche agressive et dominatrice. De la même manière que vous ne souhaitez pas que votre public ait l'impression que vous essayez de le dominer, vous ne souhaitez pas non plus que les premières rencontres se déroulent dans cet état d'esprit. Une poignée de main ferme et respectueuse suffit.

3. *Une Posture Adéquate, Sans Être Rigide*

La plupart des signes du langage corporel sont faciles à retenir lorsque vous réfléchissez à votre objectif : rendre les gens à l'aise et leur montrer que vous êtes ouvert et cordial.

Lorsque vous observez des gens qui semblent mal à l'aise, comment vous sentez-vous ? En effet, il est difficile de se sentir à l'aise lorsque quelqu'un d'autre ne l'est manifestement pas !

Avez-vous déjà observé quelqu'un qui se tenait debout de manière rigide ? Peut-être lors d'un défilé militaire, ou même dans un film ? Cette position vous semble-t-elle confortable ? Pas du tout. Est-ce que vous voudriez vous approcher de cette personne pour mieux la connaître ? Non, pas du tout ! Elle ne vous semble ni cordiale ni amicale ni ouverte ou intéressée.

Lorsque vous voyez quelqu'un s'avachir, est-ce qu'il vous paraît sympathique ? Ou confiant en lui-même ? Préférez-vous faire la connaissance de quelqu'un qui n'a pas confiance en lui ? Ou est-il plus facile de côtoyer quelqu'un qui a confiance en lui (sans être arrogant) ?

Tout à fait. Une posture qui n'est pas rigide donne l'impression d'être amical et accueillant. Vous ne craignez pas de devoir constamment renforcer l'estime personnelle de cette personne si vous apprenez à mieux la connaître. De même, vous ne vous attendez pas à ce que cette personne soit trop fermée par sa rigidité pour souhaiter faire votre connaissance.

Une personne qui a une bonne posture donne l'impression d'être sûre d'elle. Les humains ont tendance à préférer rencontrer des personnes qui ont de l'assurance parce qu'elles semblent savoir ce qu'elles font, et nous recherchons cette qualité chez nos amis et dans nos relations amoureuses. De plus, nous valorisons certainement cette compétence au travail. Si vous avez un collègue ou un patron incompétent, la situation risque d'être encore pire que s'il n'était pas présent du tout. Les gens sont attirés par les dirigeants qui ont confiance en eux, et non par ceux qui semblent hésitants ou peu sûrs d'eux.

Si vous avez une bonne posture et que vous donnez l'impression d'être sûr de vous, vous attirerez un plus grand nombre de personnes. Vous n'aurez peut-être pas l'intention de nouer des liens avec chacun d'entre eux ou d'apprendre à les connaître, mais vous aurez de meilleures chances de rencontrer ceux avec qui vous pourriez avoir une relation fructueuse.

4. Positionnez-Vous Face à l'Autre Personne : Visage, Torse, Mains, Jambes, Pieds

Comme je l'ai mentionné précédemment, c'est une bizarrerie de la nature humaine que de préférer les personnes qui manifestent un intérêt visible pour nous en nous posant des questions à notre égard et en ne parlant pas excessivement d'elles-mêmes !

Par conséquent, si vous ne manifestez pas votre intérêt pour quelqu'un, cette personne ne s'intéressera pas forcément à vous. Veillez à ne pas montrer de signes d'ennui. Évitez de donner l'impression que vous préféreriez être n'importe où ailleurs qu'à cet endroit à discuter avec cette personne.

Dans le dernier chapitre, nous avons évoqué l'importance de la présence pour être charismatique. Une présence totale est le seul moyen de s'engager véritablement avec une autre personne. Elle a besoin de sentir qu'à ce moment précis, vous préféreriez vous trouver là, à lui parler, plutôt que n'importe où ailleurs. Votre langage corporel doit le démontrer.

Avez-vous déjà discuté avec une personne qui donnait l'impression de vraiment souhaiter être là, à parler avec vous ? À qui faisait-elle face ? Vous, bien sûr. Auriez-vous cru qu'elle perdait tout intérêt en détournant son visage du vôtre ? Oui, bien sûr. Cependant, elle a également tourné son corps vers vous.

Si vous aviez baissé les yeux (ce que vous n'avez peut-être pas fait à ce moment-là), vous auriez constaté que ses pieds étaient dirigés vers vous. Il est impoli de pointer du doigt, mais elle a probablement aussi tourné ses mains vers vous.

Elle ne s'est pas protégée de vous en croisant ses bras sur son torse ou en tenant un objet entre vous. Son corps était ouvert, démontrant qu'elle était à l'aise avec vous. Si elle s'était sentie sur la défensive, vous l'auriez constaté. L'élimination des barrières prouve que vous êtes ouvert et que vous ne craignez pas de faire confiance à la personne devant vous.

Les jambes croisées sont également une posture défensive. La personne qui est heureuse de vous parler se tient donc droite, son poids étant réparti de manière égale entre ses pieds. Une posture idéale ! Elle est confiante et ouverte à la discussion.

Vous pouvez utiliser ces outils lorsque vous cherchez à mettre les gens à l'aise et à éveiller leur intérêt. Ne croisez pas les bras ou les jambes.

Évitez toute autre barrière entre leur corps et le vôtre. Il ne s'agit pas seulement de bras et de blocs-notes, mais aussi d'un bureau ou d'une table. Si vous souhaitez que l'autre personne se sente à l'aise, il se peut que vous deviez vous éloigner de ce meuble afin de lui présenter cette ouverture corporelle qui est synonyme de confiance.

Dirigez vos pieds vers l'autre personne et non vers la sortie ou toute autre personne présente dans la pièce. Si la pièce est bondée, vous devrez peut-être vous pencher pour mieux l'entendre.

5. *Maintenez un Bon Contact Visuel*

Tout comme le sourire, le contact visuel est un signal clé qui indique que vous êtes ouvert et intéressé. Il vous permet de vous démarquer dans de nombreuses situations sociales. En regardant autour de vous, vers le bas ou d'un côté à l'autre, vous indiquez que vous n'êtes pas intéressé par votre interlocuteur. Ce regard donne l'impression que vous cherchez quelqu'un de plus intéressant avec qui parler, que vous n'êtes pas confiant ou que vous n'avez pas envie d'être là cet endroit pour parler avec cette personne.

Si votre interlocuteur affirme quelque chose ou pose une question à laquelle vous devez réfléchir, il n'y a pas de mal à rompre le contact visuel pour vous permettre cette réflexion. Nous sommes nombreux à mieux réfléchir lorsque nous regardons vers le haut ou vers un point au loin. Une fois que votre réponse est mûre, rétablissez le contact visuel lorsque vous la prononcerez. Si vous contemplez toujours l'espace vide lorsque vous recommencez à parler, vous donnerez l'impression que vous vous ennuyez avec votre interlocuteur.

Il est également déconseillé de regarder votre interlocuteur d'un air effrayé. N'hésitez pas à cligner des yeux lorsque vous en avez besoin !

La majorité des conseils en matière de langage corporel, et les situations dans lesquelles vous en aurez besoin sont conçus pour les situations où vous êtes debout, que ce soit devant un public ou dans le cadre d'une réunion de réseautage. Cependant, il arrive que vous soyez assis, pour une raison ou pour une autre. Si vous devez prendre des notes, veillez à ne pas écrire excessivement au point de perdre le contact visuel.

De plus, si vous écrivez de façon exagérée, votre interlocuteur se demandera ce que vous notez exactement ! Une prise de notes excessive donne l'impression d'être une personne sinistre, et non amicale. Prendre des notes est une chose, écrire le Grand Roman américain, alors que vous êtes censé parler avec quelqu'un, en est une autre.

Pendant la conversation, évitez de regarder votre montre, votre *smartphone*, l'horloge ou tout ce qui se passe dans la pièce. Vous voulez que la personne sente que vous vous intéressez à elle, ce qui vous rendra automatiquement plus intéressant à ses yeux ! En revanche, si vous détournez votre regard, vous signifiez que vous ne vous intéressez pas à la personne.

Les gens se demandent souvent ce qu'il convient de faire lorsqu'ils attendent un appel. Il est plutôt impoli de répondre à votre téléphone au milieu d'un événement. Toutefois, si votre conversation s'éternise ou si vous venez de rencontrer quelqu'un que vous aimeriez connaître davantage, prévenez-le. Cette habitude ne doit pas être fréquente. Si vous prenez constamment des appels à un moment où vous êtes habituellement occupé à socialiser avec des gens, vous devriez améliorer votre emploi du temps.

6. *Utilisez des Gestes Appropriés*

Pourriez-vous imaginer être le meilleur ami d'un robot ? Moi non plus. La gestuelle est un moyen très humain et non robotique de communiquer avec d'autres personnes. La plupart des gens adoptent des gestes qui leur sont naturels lorsqu'ils parlent, et ne doivent donc pas s'en priver.

Comme pour le contact visuel, vous devez trouver un équilibre. Si vous vous agitez ou si vous utilisez des gestes exagérés, vous paraîtrez bizarre ou incontrôlable. Lorsque vous êtes en public ou que vous participez à des événements sociaux, vos mouvements doivent paraître délibérés.

Des chercheurs ont constaté que les conférences TED les plus prisées sont celles où l'orateur fait plusieurs gestes avec ses mains. En fait, les orateurs les plus écoutés font en moyenne deux fois plus de gestes par intervention que les orateurs les moins écoutés !

Vous ne présenterez peut-être pas de conférences TED, mais les gens préfèrent manifestement ceux qui utilisent davantage de gestes. Cette préférence ne s'exprime pas seulement lors des présentations, mais aussi dans les conversations plus informelles. Nous disposions de nos mains avant la parole, et leur utilisation est une caractéristique humaine plutôt universelle. Les robots ne communiquent pas avec leurs mains.

Il convient de vous assurer que vos gestes soient appropriés du point de vue de l'auditoire. Par exemple, si vous parlez d'une hausse de prix, votre instinct vous poussera à lever la main de gauche à droite. Or, ce geste n'est pas adapté à votre public. En revanche, si vous levez la main de la droite vers la gauche, ce sera exact pour les personnes qui vous font face, même si c'est à contresens de votre point de vue.

Les mouvements démesurés ou exagérés créent l'impression que vous étirez la vérité. Limitez vos mouvements à la réalité. Si vous êtes une personne qui utilise naturellement des gestes plus amples, vous n'avez pas besoin de les réduire si ce n'est pas la façon dont vous utilisez habituellement vos mains pour « communiquer ».

Les gestes clarifient et renforcent l'impact de ce que vous exprimez. Ils peuvent vous conférer un aspect intéressant lorsque vous les utilisez pour ponctuer votre récit ou votre conversation. Ne craignez pas de les employer, dans la mesure du possible.

7. *Évitez l'Agitation*

L'agitation physique, tout comme le fait de tourner en rond comme un forcené, n'inspire pas la confiance et un sentiment de bien-être aux personnes qui vous observent. Vous risquez de paraître lunatique, et vous donnerez l'impression d'être nerveux.

La nervosité rebute ou du moins n'est pas agréable pour la plupart des gens. La majorité d'entre nous préfèrent entretenir des relations d'amitié ou de proximité avec des personnes qui font preuve d'une certaine confiance. La nervosité pousse l'autre personne à se demander si c'est elle qui est à l'origine de votre état d'esprit. Or, nul ne veut avoir l'impression d'être responsable de la situation !

Êtes-vous à l'aise lorsque votre interlocuteur s'agite ? Cette personne peut jouer avec ses cheveux, cliquer rapidement sur un stylo, déplacer son poids d'un pied à l'autre, tirer sur ses vêtements ou démontrer d'une autre manière qu'elle n'est pas à l'aise, ce qui vous rend également mal à l'aise.

L'immobilité revêt une certaine autorité. Elle vous confère une plus grande confiance en vous. Les personnes qui hochent la tête ou s'agitent dans tous les sens semblent nerveuses ou incommodées, ce qui n'incite pas à leur faire confiance. Alors, plantez vos pieds. Si vous avez besoin que vos mains soient occupées, essayez de les maintenir inclinées l'une contre l'autre, qui est également une pose de confiance et vous éviterez de les agiter.

8. *Imitez l'Autre Personne*

Vous avez déjà entendu l'expression « l'imitation est l'une des formes les plus sincères de la flatterie » ? Quelle meilleure façon de témoigner votre intérêt et votre confiance à l'égard d'une autre personne que de copier ses mouvements lorsque vous êtes avec elle ?

Vous n'avez pas à vous comporter comme une glace humaine. Il ne s'agit pas d'une leçon de théâtre ! Vous pouvez (et devez) refléter certains de ses gestes positifs ou neutres. Sourient-ils ? Vous devriez probablement en faire autant. Ont-ils bu une gorgée de leur boisson ? Vous pouvez faire de même.

Vos gestes peuvent être un peu plus discrets que ceux de vos interlocuteurs, car vous ne voulez pas les exagérer. De même, il est préférable de ne pas les imiter s'ils adoptent une posture de colère : mains sur les hanches, poings serrés, etc. Vous cherchez à ce qu'ils se sentent bien avec vous, ce qui signifie que vous devez vous sentir bien avec eux. Si vous imitez le langage corporel négatif de quelqu'un d'autre, votre attitude n'en sera que plus négative.

9. *Assurez-Vous d'Être au Même Niveau*

Si vous êtes assis sur une chaise plus haute que celle de votre interlocuteur, vous donnerez l'impression d'être dominant. De même, si vous êtes debout et qu'il est assis, vous projetterez également cette image. En même temps, vous ne voulez pas vous retrouver à leurs pieds, ce qui vous ferait paraître indigent. Cela vous donnerait l'impression d'être trop exigeant.

Si vous êtes de petite taille, il est souvent préférable de vous asseoir. Les gens ne vous surplombent pas autant lorsque vous êtes tous les deux assis. Il est également possible de se tenir debout sur un tabouret à proximité, mais cela donnera l'impression que vous faites trop d'efforts ! Si vous êtes très grand, la position assise pour discuter fonctionne également très bien. Vous ne voulez pas que vos interlocuteurs aient l'impression que vous les dominez. Lorsque vous êtes tous les deux assis, la différence de taille est minimisée.

Dans une situation où toutes les personnes sont assises autour d'une table, essayez de vous asseoir sur le côté et non à l'extrémité de la table. Cela permettra aux gens de baisser leur garde en votre présence. Vous n'aurez pas le sentiment de dominer, mais d'être simplement une personne parmi d'autres. Si vous vous trouvez dans une pièce remplie d'inconnus, le fait de vous asseoir à l'extrémité de la table donnera l'impression que vous voulez dominer le groupe, ce qui n'est généralement pas très bien perçu.

10. Considérez chaque Personne Présente comme un Ami

Les personnes auxquelles vous ne vous êtes pas encore présenté sont tout simplement des amis que vous n'avez pas encore rencontrés ! Êtes-vous cordial et accessible avec vos amis et les personnes que vous connaissez bien ? Allez-y et soyez de même avec de nouvelles personnes.

Ce conseil est particulièrement utile pour les introvertis, qui sont souvent effrayés à l'idée de rencontrer de nouvelles personnes. Le fait de s'ouvrir aux gens comme à de nouveaux amis potentiels les encourageront à vous rendre la pareille. Vous devenez ainsi l'ami qu'ils n'avaient pas encore rencontré ! Et cette visualisation atténue l'appréhension d'une salle remplie de personnes que vous ne connaissez pas encore.

Les extravertis le font peut-être déjà. Après tout, quel meilleur moyen de se détendre et d'afficher sa confiance en soi que de supposer que toutes les personnes présentes dans la pièce sont ou seront vos amis ?

Cependant, vous ne serez pas forcément aimé par tous. Et ce n'est pas une fatalité.

Vous avez la possibilité d'apprendre à maîtriser tous les messages du langage corporel et de les utiliser chaque fois que vous participez à un événement social. Il y aura toujours des personnes qui ne vous rendront pas la pareille. Ils ne vous souriront pas. Ils ne pointeront pas leurs pieds vers vous, même si vous avez fait pivoter tout votre corps vers eux. S'ils vous serrent la main, la poignée sera brève et probablement sans consistance. Leurs regards se promèneront dans la pièce, cherchant quelqu'un d'autre à qui parler.

La plupart du temps, cette situation n'a rien à voir avec vous personnellement. Il se peut que vous ressembliez à une personne qui leur a brisé le cœur il y a dix ans. Les traits de votre visage ressemblent peut-être à ceux du professeur de mathématiques qui les a fait souffrir à l'adolescence. Vous parlez probablement comme leur père, avec lequel ils ont une relation difficile. Vous vous nommez Ben, et un garçon nommé Ben les a peut-être malmenés durant toute leur scolarité au collège.

Et ainsi de suite. Vous comprenez le tableau. Que devriez-vous faire ? Avec le temps, vous pourriez peut-être les aider à avoir une meilleure opinion de leurs capacités en mathématiques ! Demandez à Ben de s'excuser !

Non. Laissez-les partir. Votre rôle n'est pas de les sauver ou de les réparer (ils sont peut-être fiers de s'être éloignés de leur père autoritaire).

Au contraire, nouez des relations avec des personnes désireuses de faire votre connaissance. Souciez-vous d'entrer en contact avec des personnes qui sont prêtes à entrer en contact avec vous. Les problèmes d'autrui ne sont pas un défi que vous devez relever. Vous ne recevrez pas de médaille pour avoir forcé quelqu'un à vous accepter. Considérez que leur incapacité à vous percevoir comme la personne merveilleuse que vous êtes est leur propre perte. Passez à autre chose.

Il est possible que vous soyez déjà à l'aise avec certaines ou l'ensemble de ces techniques. Si ce n'est pas le cas, entraînez-vous avec vos amis, votre famille et vos collègues. Il peut être utile que votre famille et vos amis comprennent ce que vous essayez d'accomplir. Cependant, il se peut que vous ne souhaitiez pas en parler à vos collègues de travail.

Par exemple, vous pourriez tenter d'imiter votre patron. S'il prend un verre, vous en prendrez un aussi. S'il aime se pincer les doigts, vous commencerez à vous pincer les doigts. Non seulement cette démarche vous aidera à développer vos compétences en matière de langage corporel, mais votre patron pourrait bien commencer à vous estimer, si ce n'est pas déjà le cas.

Comment Reconnaître qu'une Personne vous Ment ?

Nul n'a envie de se laisser berner par quelqu'un qui ne dit pas la vérité. C'est embarrassant et ça peut inciter les gens à remettre votre jugement en question. Le langage corporel est très utile lorsque vous évaluez quelqu'un afin de déterminer si vous souhaitez développer une relation avec lui. Il se peut que la personne prononce tous les mots justes, mais vous remarquerez que des signaux d'alarme apparaissent.

La tromperie est généralement signalée par un changement dans le comportement de base d'une personne. Cela correspond à son langage corporel habituel lorsqu'elle est sincère. Au moment où vous la connaissez bien, vous vous familiarisez également avec son attitude générale.

Cependant, vous pouvez déterminer si une personne est malhonnête, même si vous ne la connaissez peu ou même pas du tout. Si vous avez appliqué les suggestions de ce livre, vous observerez comment la personne se comporte lorsque vous lui posez des questions d'ordre général. Vous maintiendrez le contact visuel et observerez leurs signaux non verbaux.

Une bonne question de départ est par exemple : « D'où venez-vous ? » ou « Comment avez-vous entendu parler de cet événement ? ». Ce type de questions ne donne généralement pas lieu à un mensonge. Leurs réponses et la façon dont leur corps réagit devraient vous donner une bonne idée de leur langage de référence lorsqu'ils ne mentent pas.

Le langage corporel des personnes qui mentent se caractérise par quatre changements majeurs qui les trahissent. Les gestes sont souvent des expressions corporelles correspondant à ce qu'ils font lorsqu'ils mentent, comme : la dissimulation, la distraction et la tentative d'empêcher la vérité d'éclater au grand jour.

N'oubliez pas que ces gestes doivent être replacés dans leur contexte. Il est possible qu'une personne qui s'agite puisse être nerveuse et ne signifie pas nécessairement qu'elle mente. Les autres signaux qu'elle vous envoie vous permettront de savoir s'il s'agit d'une personne qui ment ou d'une personne simplement anxieuse.

1. Les Mouvements du Corps

Le mensonge peut être difficile à gérer pour notre cerveau. Lorsque ce dernier est occupé à inventer une histoire, il ne dispose pas d'une bande passante suffisante pour gesticuler et parler en même temps. Par conséquent, l'un des signes indiquant qu'une personne n'est pas sincère est que les mouvements de ses mains se produisent après le discours, et non pendant. Elle a donc dû inventer les mouvements après avoir fabriqué l'histoire qu'elle vous a racontée.

Les personnes qui mentent ont tendance à utiliser leurs deux mains lorsqu'elles font leurs gestes. Les personnes qui vous disent la vérité n'utilisent souvent qu'une seule main. Il convient de bien comprendre la référence, car certaines personnes (et cultures) communiquent avec leurs deux mains, et non avec une seule. Une personne qui utilise les deux mains peut être issue d'une culture différente et ne ment probablement pas.

La personne qui ment dissimule parfois ses paumes, les met dans ses poches ou les cache derrière son dos. Vous cache-t-elle quelque chose ? Oui ! Il s'agit de mouvements classiques de dissimulation.

Elle peut également s'agiter, se tortiller et se toucher les cheveux pendant qu'elle parle. Ces actions reflètent leur besoin de vous détourner de la vérité.

2. *Les Expressions Faciales*

Les personnes qui dissimulent la vérité ont tendance à vous regarder fixement ou à détourner le regard au moment où vous vous attendez à ce qu'elles vous regardent dans les yeux. Leurs lèvres peuvent se dérober ou se pincer pendant qu'elles mentent.

Le fait de pincer les lèvres indique souvent que l'interlocuteur ne souhaite pas tenir les propos qu'il est en train de prononcer. Ou, du moins, que son cerveau ne le veuille pas. Le mensonge demande plus d'énergie parce qu'il faut inventer l'histoire. Or, notre cerveau préfère économiser de l'énergie et il est donc moins difficile de dire la vérité.

Les lèvres qui se dérobent sont souvent le signe d'un mensonge par inadvertance. L'orateur essaie de dissimuler certains faits ou émotions.

Un teint pâle est souvent un indice de mensonge, car le sang se retire du visage. Une transpiration excessive ou des signes de déshydratation peuvent également révéler une tromperie, en fonction de la personne. Les menteurs peuvent constater que leur système nerveux provoque une transpiration de la région située au niveau du visage.

Pour d'autres, le mensonge peut provoquer une sécheresse au niveau des lèvres et des yeux. Cela se traduit par un léchage excessif des lèvres ou des clignements oculaires, qui sont des signaux évidents à surveiller. Si quelqu'un se lèche rarement les lèvres au départ et qu'il le fait soudainement toutes les trois secondes, c'est un signal important que vous devez détecter.

3. *Le Ton de la Voix*

Le stress tend à resserrer les cordes vocales. Il se peut que la voix d'un menteur soit plus aiguë que la normale.

Elle peut également être plus bruyante, car les gens ont tendance à augmenter le volume de leur voix lorsqu'ils se sentent sur la défensive. Les menteurs se sentent souvent dans cet état à propos des histoires qu'ils racontent, même si une personne qui ne ment pas peut également se trouver sur la défensive pour une raison ou pour une autre. Cette personne ne se sent peut-être pas en confiance avec vous parce que vous lui rappelez son professeur de mathématiques, ce qui l'amène à augmenter le volume de sa voix.

4. *Ce qu'ils Expriment*

Si des mots comme « honnêtement », « franchement » ou « laissez-moi vous dire la vérité » sortent constamment... il est probable que la personne vous mente ! Les menteurs sont également susceptibles d'ajouter d'autres mots comme « hum », « ah » et « euh ». Soyez à l'écoute des dérapages où ils laissent accidentellement échapper la vérité !

La Confiance et votre Langage Corporel

En revanche, vous pouvez montrer aux gens que vous êtes digne de confiance et honnête grâce à vos compétences en communication non verbale. Il existe de nombreux points communs entre le langage corporel que vous utilisez pour accroître votre sympathie et celui que vous utilisez pour exprimer votre honnêteté. Les personnes dignes de confiance sont plus sympathiques que celles qui ne le sont pas, et vice versa.

1. *Un Langage Corporel Ouvert*

Au même titre que l'intérêt que vous portez à quelqu'un consiste principalement à lui démontrer que vous vous intéressez à lui, le fait d'être digne de confiance consiste principalement à montrer que vous avez confiance en l'autre personne. Vous ne vous montrerez pas sur la défensive, donc vos bras et vos jambes ne seront pas croisés. Vous ne vous protègerez pas non plus de l'autre personne en vous tenant derrière une table ou un objet.

Elle pourra voir vos mains contrairement aux menteurs qui ont tendance à les cacher. Comme nous l'avons vu dans un chapitre précédent, la paume de la main vers le haut est un geste de supplication. La paume vers le bas représente une manière plus confiante de les poser. Dans ce cas, vous pouvez opter pour le geste d'inclinaison des mains. Celles-ci doivent être ouvertes et détendues, et non crispées ou tendues.

Vous les regarderez, vous ne vous en éloignerez pas comme si vous vous ennuyiez ou cachiez quelque chose. Votre expression sera neutre ou amicale. Comme toujours, votre sourire sera un atout considérable.

2. *Mouvements Délibérés, y Compris la Réflexion*

Le contact visuel ! Il ne s'agit pas de regarder fixement ou de détourner le regard. Pas de figurines à tête branlante non plus. Les personnes dignes de confiance sont généralement perçues comme étant solides et confiantes. Le moindre signe de faiblesse ou de manque d'assurance vous fera paraître moins crédible.

De même, assurez-vous de ne pas vous agiter ou faire des mouvements brusques. Vos gestes doivent être lents ou modérés si vous fonctionnez à un rythme plus rapide que celui d'autres personnes. Vos mouvements doivent être intentionnels. Les gens ont également tendance à considérer que les mouvements fluides sont plus convaincants que les mouvements saccadés.

Reflétez leurs gestes, mais pas au point de paraître artificiel. Vous voulez qu'ils aient l'impression que vous êtes en harmonie avec eux, au lieu que vous soyez simplement leur reflet sous une forme humaine.

3. *Montrez que Vous Vous Préoccupez de l'Autre Personne*

Penchez la tête, ou même le corps, vers l'avant pour démontrer que vous écoutez et que vous aimeriez en savoir plus. Le fait de toucher doucement une personne exprime souvent son inquiétude, en particulier si elle est émotive. En outre, comme je l'ai indiqué précédemment, le toucher libère une substance chimique qui favorise la création de liens et la confiance entre les êtres humains.

Les sourcils sont aussi un excellent moyen d'expression. Vous pouvez les utiliser pour exprimer votre surprise en les haussant. En les fronçant, vous manifesterez votre inquiétude.

4. *Faites Preuve de Respect*

Si vous voulez être respecté, vous devez le témoigner à votre entourage ! Il est essentiel d'être attentif, afin d'écouter ce que les gens ont à dire, voire de hocher lentement la tête (un hochement trop rapide suggèrera l'agacement plutôt que le respect).

Ne brusquez pas votre interlocuteur, surtout si vous ne le connaissez pas. Gardez à l'esprit les considérations culturelles liées à l'espace personnel ! Cela dit, se rapprocher est un signe d'intérêt pour l'autre personne.

Posez votre téléphone ! Il est tout simplement irrespectueux de sortir son téléphone et de se désengager de la conversation sous les yeux de votre interlocuteur.

Jouez un Rôle d'Influenceur

Comment devient-on une personne mémorable aux yeux de vos interlocuteurs ? Un indice : le langage corporel y est pour beaucoup ! Les recherches indiquent qu'il existe quatre façons non verbales d'accroître votre influence. En ce qui concerne le langage verbal, il existe trois méthodes : poser des questions ouvertes, pour que les gens parlent d'eux-mêmes ; raconter des histoires, pas des mensonges ; et demander une faveur, connue sous le nom de « l'effet Ben Franklin ».

Parlons maintenant du langage corporel.

1. *Donnez une Dose de Dopamine à votre Auditoire*

Dans le premier chapitre, j'ai abordé la question de la dopamine, un neurotransmetteur libéré lorsque le cerveau reconnaît un plaisir. Quoi que ce soit, le cerveau souhaite que vous le fassiez à nouveau ! Si le cerveau de l'autre personne libère de la dopamine pendant que vous lui parlez, vous serez associé au plaisir et elle souhaitera vous revoir parce que vous avez un effet agréable sur elle.

Ce phénomène est semblable aux effets de l'ocytocine, décrits dans ce chapitre. Lorsque l'ocytocine est libérée et que la personne se sent calme et détendue en votre présence, elle vous associe à ce sentiment de calme et de détente. La plupart d'entre nous n'ont pas besoin de stress supplémentaire dans leur vie ! Les gens vous trouveront sympathique parce que vous semblez soulager leur stress.

Alors, comment obtenir cette merveilleuse libération de neurotransmetteurs dans le cerveau de votre interlocuteur ? En établissant un lien émotionnel avec lui. Vous pouvez poser des questions telles que : « Quel est le projet qui vous passionne en ce moment ? » « Quel a été le meilleur moment de votre journée ? » Vous stimulerez ainsi la relation émotionnelle entre vous deux. Une fois la conversation entamée, vous pourrez répondre de manière appropriée sans même utiliser vos mots. Souriez, froncez les sourcils ou hochez la tête, et reproduisez leurs gestes.

2. *Affichez un Langage Corporel Confiant*

Tout comme vous ne vous avachissez pas lorsque vous entrez dans une pièce ou lorsque vous donnez une présentation, ne vous affalez pas devant quelqu'un que vous aimeriez inspirer. En effet, personne ne souhaite être influencé par une personne qui semble nerveuse ou qui manque de confiance en elle.

Une grande partie de ce que vous avez appris au chapitre 5 sur les présentations publiques s'applique également à la manière de s'adresser aux personnes que vous souhaitez influencer. Il est important de donner l'impression d'être confiant. Vous ne devez pas secouer la tête, tirer sur vos vêtements, regarder ailleurs ou dans la pièce, croiser les bras ou les jambes, serrer les poings, cacher vos mains ou les poser sur vos hanches de façon autoritaire.

Tenez-vous droit et ferme, sans être rigide et sans déplacer votre poids d'un pied à l'autre. Souriez. Donnez une poignée de main ferme. Gardez les mains ouvertes de manière que l'autre personne puisse les voir. Faites face à la personne que vous souhaitez influencer avec votre torse et vos pieds, ainsi qu'avec votre visage et vos bras. Maintenez le contact visuel. Utilisez vos mains pour clarifier et souligner les points que vous soulevez verbalement.

Les gestes et les signaux qui démontrent la confiance en soi sont excellents à pratiquer chaque fois que vous vous retrouvez dans une situation sociale. Même si vous parlez avec quelqu'un que vous ne cherchez pas nécessairement à influencer, testez toutes ces postures de confiance. Agissez comme si vous vouliez l'influencer. Vous constaterez par vous-même ce qui se produira !

3. *Montrez votre Vulnérabilité*

En vous montrant vulnérable, vous manifesterez aux gens que vous leur faites confiance et ils vous considéreront comme une personne sympathique et digne de confiance. Ne sous-estimez jamais la valeur de la sincérité ! Les gens pourront s'identifier à vous (et vous seront plus sympathiques) si vous leur montrez que vous n'êtes qu'un être humain avec ses imperfections. Personne ne s'intéresse à un robot ou à une personne qui semble parfaite ou qui semble croire qu'elle l'est !

Afficher ses émotions est un moyen de démontrer sa vulnérabilité. Pensez un instant à James Bond. Apparaît-il vulnérable ? Pas souvent. Montre-t-il des émotions ? Pas vraiment. La colère, peut-être. Bref, son registre émotionnel n'est pas très étendu.

Ce qui est tout à fait acceptable si vous êtes un super-espion qui tente d'anéantir les malfaiteurs avant qu'ils ne détruisent la planète. Mais si, comme je le soupçonne, ce n'est pas votre cas (toutes mes excuses à James Bond s'il lit ces lignes !), le fait de révéler vos émotions permet aux gens de s'identifier à vous.

Vous devrez peut-être vous entraîner à cet exercice, surtout si vous n'êtes pas une personne qui a tendance à exprimer ses émotions. Si vous vous sentez triste, exprimez-le sur votre visage. Ressentez l'émotion dans votre corps et reflétez-la. En effet, il est possible que vous vous affaissiez temporairement ou que vous regardiez vos pieds.

Vous vous direz peut-être que cela va à l'encontre de ce qui a été suggéré précédemment, à savoir qu'il faut faire preuve de confiance en soi, se tenir droit et sourire ! C'est certainement la façon dont vous voulez saluer les gens et vous présenter devant un public. C'est la première impression que vous devez dégager.

Mais lorsque vous écoutez l'histoire de quelqu'un, ou même que vous racontez la vôtre, il n'y a pas de mal à permettre aux émotions de remonter à la surface et de s'exprimer de manière non verbale. Si vous devez vous arrêter un instant, faites-le.

4. *Soyez plus Charismatique*

Le renforcement de votre influence se traduit par un impact positif sur les gens et par un effet important sur ces derniers. Vous avez probablement assimilé le fait que les gens attachent de l'importance à ceux qui les mettent en valeur. Heureusement, il s'agit là d'une autre compétence qui peut s'apprendre. Certaines personnes semblent naître avec un sens inné de la valorisation d'autrui. Quant au reste d'entre nous, nous devons y mettre les efforts nécessaires.

Comme l'a souligné Maya Angelou, les gens ne se souviendront peut-être pas des mots que vous avez prononcés ou des gestes que vous avez posés, mais ils se souviendront de la façon dont ils se sont sentis en votre présence. Les personnes charismatiques procurent un sentiment de bien-être aux gens grâce à leurs styles de communication verbale et non verbale.

Si cela ne vous semble pas logique, réfléchissez aux personnes qui vous ont influencé — un parent, un chef religieux, un entraîneur, un professeur, une personne que vous n'avez jamais rencontrée, mais que vous avez lue ou dont vous avez entendu parler. Comment vous êtes-vous senti en leur présence ? Inférieur, incompétent ou incapable ?

Il est certainement possible que vous ayez été influencé négativement. Un adulte vous a prédit que vous n'arriveriez jamais à rien, alors vous avez travaillé dur et vous avez réussi juste pour le contrarier ! Cette situation est fréquente. Toutefois, les gens sont plus souvent influencés par les personnes qui les ont encouragés à avoir confiance en eux, qui leur ont dit qu'ils pouvaient y arriver, qu'ils étaient capables et égaux à n'importe qui d'autre sur la planète.

Pour être charismatique (voir aussi le chapitre précédent), vous devez être présent face à votre interlocuteur. Vous ne devez pas détourner le regard ni prêter attention à quoi que ce soit ou à qui que ce soit d'autre. Vous êtes concentré sur ce qu'il dit, vous vous penchez légèrement pour mieux l'entendre et manifester votre intérêt. Votre torse et vos pieds sont dirigés vers la personne à qui vous vous adressez, ce qui indique que vous souhaitez être là, à converser avec elle, et nulle part ailleurs.

Le charisme implique également le pouvoir, qui consiste à influencer les gens. C'est là que la confiance en soi est votre meilleure alliée. Vous projetterez l'impression que vous savez ce que vous faites et que vous savez où vous allez. Vous ne donnerez pas de signes de nervosité et d'anxiété, par exemple en vous agitant, en vous déplaçant d'un pied à l'autre, en tirant sur vos vêtements ou en touchant vos cheveux. Vous ferez preuve d'une certaine autorité en maintenant votre tête immobile pendant que vous parlez, sans l'incliner de haut en bas ou d'un côté à l'autre.

La troisième caractéristique du charisme est la cordialité, qui accroît également votre sympathie. Si vous manifestez votre autorité de façon directe, vous risquez de paraître agressif, au lieu d'être agréable et cordial. Le fait de hocher la tête et de sourire lorsque vous écoutez quelqu'un permet de révéler la part de cordialité qui vous caractérise. Les signes d'un langage corporel plus chaleureux incluent également un corps ouvert, des mains avec les paumes apparentes et de nombreux gestes des mains et des bras.

Une fois que vous aurez exercé vos talents de persuasion, assurez-vous d'utiliser votre pouvoir pour le bien, et non pour le mal. En influençant les gens de manière positive, non seulement ils se sentiront mieux, mais vous vous sentirez mieux également. Après tout, nous sommes des créatures sociales et le fait d'aider les autres membres de notre groupe, quelle que soit la définition que nous en donnons, nous permet de nous sentir satisfaits. Nous sommes stimulés par la dopamine et divers neurotransmetteurs lorsque nous apportons notre aide à d'autres personnes.

Résumé du Chapitre

Les relations profondes que nous bâtissons constituent un outil important pour la survie de l'humanité. Nous avons évolué pour entretenir des relations avec les gens, que nous soyons plutôt disposés à n'avoir que quelques relations étroites en tant qu'introvertis ou à en avoir plusieurs en tant qu'extravertis. Le langage corporel est essentiel au développement de ces relations avec notre entourage. Il précise notre message et démontre que nous sommes dignes de confiance, que nous sommes sympathiques et que nous nous intéressons à nos interlocuteurs. En retour, ils souhaiteront nouer de meilleures relations avec nous.

- Certains éléments du langage corporel, qu'ils soient positifs ou négatifs, sont clairs. D'autres indices sont plus ambigus. Le contexte est souvent important pour interpréter certains gestes flous tels que le fait de placer les mains derrière le dos, de soutenir le regard et de saillir la poitrine. Il est également utile dans les situations où les différences culturelles sont susceptibles de brouiller le message.

- Les gens désirent entrer en contact avec d'autres personnes qu'ils affectionnent et en qui ils ont confiance. En augmentant votre sympathie, vous établirez des relations avec d'autres personnes, même si vous les rencontrez pour la première fois. Il existe dix façons d'accroître votre sympathie et de démontrer que vous êtes digne de confiance, uniquement par le biais de la communication non verbale. Il s'agit notamment d'un sourire chaleureux et authentique, d'un langage corporel ouvert et confiant, et de la capacité d'accepter mentalement chaque personne comme un ami que vous n'avez pas encore rencontré.

- Vous ne serez pas forcément aimé par tous et cela ne pose pas de problème. Cette situation n'a peut-être rien à voir avec vous en tant qu'individu. Ce n'est pas un défi à relever ou une occasion pour « réparer » l'estime d'autrui. Vous feriez mieux de consacrer votre temps à découvrir des personnes qui s'intéressent à vous et qui souhaitent visiblement mieux vous connaître.

- Vous l'avez compris, vous n'êtes pas obligé d'aimer tout le monde, en particulier si vous soupçonnez qu'ils pourraient être malhonnêtes. Heureusement, vous êtes en mesure de cibler un menteur grâce à son langage corporel. Vous constaterez des différences inconscientes par rapport à leurs comportements non verbaux habituels. En effet, les menteurs ont tendance à modifier les mouvements de leur corps, leurs expressions faciales, le ton de leur voix et les mots qu'ils prononcent. Cependant, il est également possible qu'une personne affiche ces comportements parce qu'elle est mal à l'aise et nerveuse pour une autre raison, et non parce qu'elle ment.

- En améliorant les liens que vous entretenez avec les gens, vous pourrez accroître votre influence. Il existe sept méthodes pour vous démarquer davantage, et quatre d'entre elles sont non verbales. Il s'agit notamment de se montrer vulnérable par le biais des émotions, de se connecter sur le plan émotionnel et d'encourager la libération de neurotransmetteurs positifs par votre langage corporel.

Le chapitre suivant vous proposera des mesures concrètes pour communiquer de manière non verbale dans votre vie de tous les jours. Que ce soit pour améliorer la compréhension de votre message ou pour établir de meilleures relations avec les gens, si vous vous entraînez régulièrement, vos compétences s'amélioreront.

CHAPITRE SEPT

Le Langage Corporel au Quotidien

Vous n'avez pas besoin d'attendre une présentation ou un événement de réseautage pour exploiter vos nouvelles compétences en matière de communication non verbale ! L'adoption de bonnes pratiques en matière de langage corporel peut également contribuer à vos relations actuelles et vous donner plus d'assurance au quotidien.

Tirez parti de votre langage corporel quotidiennement, en appliquant les techniques décrites ci-dessous. Vous communiquerez avec clarté, sans même utiliser vos paroles !

1. *Améliorez votre Confiance Personnelle Grâce à des Postures de Pouvoir*

Tout comme pour le sourire, lorsque vous adoptez une posture de confiance, vous vous sentez plus sûr de vous. Tenez-vous debout, avec les jambes à l'écart, et occupez un grand espace. Placez vos mains sur vos hanches. Maintenez chaque posture pendant environ une minute, afin que votre corps puisse intérioriser ce que vous faites.

N'exécutez pas de postures de pouvoir devant d'autres personnes ! Ces mouvements pourraient être perçus comme intimidants. Vous pourriez faire votre imitation de *Superman* dans votre propre chambre, avant de sortir pour la journée. Ainsi, vous vous sentirez un peu plus solide.

2. Lors d'une Présentation, Rehaussez votre Énergie

Ce qui nous semble extrêmement dynamique peut paraître généralement fade ou ennuyeux à notre public. Ainsi, vous devrez dépasser le seuil normal de votre énergie lorsque vous vous exprimerez devant un auditoire.

Mais vous devrez trouver un équilibre ! Vous n'avez pas besoin de faire des excès d'énergie. Les gens ne doivent pas s'imaginer que vous êtes sous l'emprise de substances illicites, car ce n'est pas ce que vous recherchez. Toutefois, vous devrez augmenter votre niveau d'énergie au-delà de ce que vous ressentez normalement.

3. Souriez

Le sourire contribue à vous sentir mieux, entre autres choses. Et comment est-ce possible ? Lorsque vous êtes renfrogné ou que vous froncez les sourcils, votre corps reçoit le message que vous accomplissez une tâche pénible. Il élève votre niveau de stress pour vous permettre de surmonter cette épreuve. En fait, votre cerveau ne peut pas faire la distinction entre une situation délicate qui implique un tigre affamé ou un problème de mathématiques complexe.

Testez cette méthode la prochaine fois que vous vous rendrez compte que vous froncez les sourcils. Renversez consciemment votre attitude et voyez ce que vous ressentirez.

Votre sourire a également un impact positif sur les gens qui vous entourent et qui peuvent le remarquer. Vous souriez, ils sourient. Nous nous calquons souvent sur les personnes que nous aimons et en qui nous avons confiance. Offrez un sourire à vos amis pour qu'ils puissent évacuer une partie de leur stress !

4. *Trouvez un Angle Favorable en cas de Confrontation*

Les top-modèles font rarement face à la caméra. Ils posent généralement sous un certain angle. Normalement, se tenir face à son interlocuteur et s'ouvrir à lui est une façon d'être cordial et digne de confiance. Mais parfois, ce comportement peut sembler menaçant ou conflictuel. Maintenez le contact visuel, mais décalez-vous légèrement, de manière à vous placer dans un angle par rapport à l'autre personne.

Si vous y parvenez, vous pourrez adopter une position de collaboration en vous tenant côte à côte. Cela peut s'avérer utile si le niveau de menace de l'autre personne ne diminue pas avec cette position.

5. *Gesticulez, Sans Dépasser la Hauteur de vos Épaules*

Ne vous adressez pas *à vos* mains, mais parlez *avec vos* mains ! Plus vous gesticulerez, plus vous serez énergique et plus vous gagnerez en sympathie. En outre, plus vous adoptez le rythme des mouvements de vos mains, plus la conversation se déroulera facilement.

Les mouvements au-dessus des épaules semblent étranges, alors évitez-les. Vous pouvez néanmoins exécuter de nombreux gestes sans lever les mains au ciel.

6. Faites-*les* bouger

Un bon moyen d'impliquer les gens, surtout s'ils se tiennent sur la défensive ou s'avachissent, est de les faire bouger. Par exemple, si quelqu'un est assis les bras croisés (une position défensive typique), demandez-lui s'il veut un verre ou s'il peut tenir votre stylo pendant que vous sortez vos cartes de visite.

Si vous êtes devant un groupe, vous pouvez leur poser des questions pour les inciter à s'exprimer. Vous pouvez poser des questions pour les amener à lever la main. Faites circuler des objets dans la salle. Vous pourriez même les inviter à se lever de leur siège pour participer à une activité. Vous constaterez qu'ils sont d'abord réticents à l'idée de se tenir debout pour un exercice qui leur semblera insignifiant. Vous remarquerez également, lorsqu'ils se rassoiront, qu'ils seront beaucoup plus détendus et ouverts !

7. Avant de Parler, Regardez au Loin pour Réfléchir

Généralement, lorsque quelqu'un pose une question à laquelle vous devez réfléchir avant de répondre, vous détournerez le regard pendant que vous réfléchissez, que ce soit vers le haut, sur le côté ou en observant vos pieds.

Veillez à reprendre votre posture ouverte et droite avant de répondre. Maintenez le contact visuel pendant que vous répondez, même si vous avez dû l'interrompre pendant que vous réfléchissiez. Si vous ne maintenez pas le contact visuel pendant que vous parlez, vous donnerez l'impression d'être fuyant ou de cacher quelque chose.

L'Utilisation du Langage Corporel pour Améliorer votre Vie et votre Personnalité

La communication non verbale ne se limite pas à vos relations avec autrui. Il existe des boucles de rétroaction entre vos actions et votre cerveau. Par exemple, nous avons abordé la question du sourire précédemment. Lorsque vous modifiez votre langage corporel pour y ajouter un sourire, vous modifiez aussi votre corps, ce qui a pour effet d'apaiser le stress. Il existe d'autres états d'esprit et caractéristiques que vous pouvez améliorer en ajustant votre communication avec vous-même !

1. *Faites Preuve de Sincérité*

Lorsqu'on utilise le pouvoir du toucher plus fréquemment et plus consciemment, du moins au début, on démontre à la personne qui reçoit le toucher que l'on est sincère dans ce que nous affirmons. En effet, le simple contact d'une main sur le bras peut suffire à transmettre des émotions !

2. *Stimulez votre Créativité*

De nombreux lecteurs vont ADORER cette méthode ! Souhaitez-vous être plus créatif et novateur ? Étendez-vous ! Cependant, je ne crois pas que votre patron approuvera l'installation d'un lit dans votre bureau.

Il semble que ce phénomène soit lié à la norépinéphrine, un neurotransmetteur dont nous avons discuté dans le premier chapitre. Celui-ci est libéré en plus grande quantité lorsque vous êtes debout, ce qui a tendance à inhiber la créativité.

3. Développez vos Muscles (de la Volonté)

En exerçant vos muscles physiques, c'est possible! Cela vous permettra non seulement de mieux gérer les informations négatives, mais aussi de résister aux aliments et aux habitudes néfastes pour la santé.

4. La Persistance, Malgré Tout

L'idée de croiser les bras est une attitude défensive bien connue. En revanche, ce que vous ne savez peut-être pas, c'est que le fait de croiser les bras aide à résoudre des problèmes difficiles de façon plus soutenue. Par conséquent, si vous vous sentez bloqué sur un projet, croisez les bras.

Vous pourriez privilégier cet exercice en privé, afin de ne pas donner une mauvaise impression. Par ailleurs, le fait de croiser les bras peut diminuer la nervosité.

5. C'est un Oiseau, c'est un Avion, c'est... Vous

Les postures de pouvoir améliorent la confiance en soi. Comme le croisement des bras, il est préférable de les effectuer à l'abri des regards. Tenez-vous debout comme *Superman*, les jambes à l'écart, les mains sur les hanches. Sentez la confiance monter en vous! C'est une bonne méthode à utiliser chaque fois que vous avez besoin de vous stimuler.

6. *Soulagez votre Tension*

Activez la boucle de rétroaction positive ! Objectif : sourire. Il aide à réduire la quantité de cortisol dans votre sang, ce qui diminue le stress. Votre public se sentira également moins stressé, puisque vous souriez et qu'il sourira à son tour. Au lieu d'une spirale négative de stress, activez une spirale ascendante grâce à un sourire.

7. *Mettez-Vous à l'Aise*

Est-ce que votre ami est une personne avec laquelle vous êtes toujours un peu mal à l'aise ? Probablement pas. Vous êtes à l'aise avec vos amis et vice versa. Plus une personne est à l'aise avec vous, même si elle ne vous a jamais rencontré auparavant, plus elle sera susceptible de vous apprécier.

Mieux encore, il existe une petite astuce toute simple. Inclinez légèrement la tête vers l'avant lorsque vous êtes présenté à quelqu'un. Ainsi, vous lui indiquerez que vous êtes ravi de la rencontrer, ce qui l'incitera à vous accorder sa confiance. Cette attitude se reflétera dans le langage corporel qu'elle adoptera à votre égard, ce qui vous mettra à l'aise.

Voilà la spirale ascendante que vous souhaitez !

8. *Comprendre les Émotions*

Lorsque vous tentez d'établir un lien avec quelqu'un, il arrive que vous éprouviez des difficultés à faire preuve d'empathie. Toutefois, vous constaterez une amélioration en l'imitant.

Il s'agit d'une boucle de rétroaction légèrement distincte. Refléter le langage corporel d'une autre personne, c'est refléter ses émotions, ce qui, à son tour, suscite des émotions similaires pour vous.

Les gens sont également plus enclins à se lier d'amitié avec les personnes dont les expressions faciales reflètent les leurs. Vous contribuerez ainsi à susciter des émotions positives chez ces personnes, même si celles que vous reflétez ne sont pas forcément positives.

9. *Trouvez le Bon Angle, comme un Top-Modèle*

Atténuez les tensions en vous plaçant de biais par rapport à la personne qui pourrait être confrontée ou menacée par ce que vous dites, ou si cette personne est déjà en situation d'affrontement.

Déplacez vos pieds de sorte que vous vous teniez comme un top-modèle, sans faire face à la caméra (ou à l'autre personne). C'est une position moins conflictuelle que de se tenir face à face, surtout si les visages sont trop rapprochés !

10. *Mémorisez ce que vous Apprenez*

Il s'avère que les enfants assimilent mieux l'information lorsqu'ils utilisent leurs mains. Cela vaut aussi pour les adultes ! C'est une autre façon d'ancrer les nouvelles connaissances dans la mémoire.

11. *Personnifiez une pom-pom girl*

Votre moral n'est pas au beau fixe ? Les pompons ne vous aideront pas, mais le *chewing-gum*, si ! (Pour le bien de vos dents, choisissez le *chewing-gum* sans sucre.) Il peut vous stimuler, vous aider à concentrer votre attention et vous rendre de bonne humeur.

Naturellement, vous n'êtes pas tenu d'effectuer toutes ces actions séparément, bien que vous puissiez y parvenir ! Si vous êtes bloqué sur un problème difficile, allongez-vous, croisez les bras et mâchez du *chewing-gum*. Si vous vous sentez nerveux avant une réunion de réseautage, vous pouvez vous tenir debout comme *Superman*, à l'abri des regards, puis souriez et penchez la tête vers l'avant lorsque vous rencontrez de nouvelles personnes.

Améliorez votre Maîtrise du Langage Corporel

Les indices de communication non verbale sont complexes. Une personne peut manifester plusieurs signes à la fois, qui ont tous des significations différentes ! Il existe des règles générales qui peuvent être appliquées dans la plupart des cas, bien que le contexte soit toujours un facteur à considérer. La plupart des individus qui s'intéressent à la communication non verbale y consacrent peu de temps, et ne cherchent donc pas à apprendre ces messages et à les retenir.

Cependant, la capacité à lire le langage non verbal est une compétence qui peut s'apprendre. Un entraînement quotidien est donc nécessaire, car il s'agit de connaissances à mettre en pratique ou à perdre. La capacité à lire le langage non verbal et à l'utiliser efficacement se résume à quelques points clés.

1. La Prise de Conscience

La première étape consiste à comprendre certains messages non verbaux élémentaires et la manière dont ils sont transmis. Il est possible qu'au début, vous ne soyez même pas conscient des signaux que vous envoyez, et encore moins de ce qu'ils signifient. Comment exprimez-vous vos émotions ?

L'apprentissage des indices peut contribuer au développement de votre propre langage corporel et vous aider à mieux interpréter ce que vos interlocuteurs vous « disent ».

2. *Le Désir d'Apprendre*

Si vous n'avez pas de raison particulière de vous intéresser aux messages non verbaux, il est normal que vous n'appreniez relativement rien. Toutefois, une personne qui souhaite créer des liens profonds avec ses interlocuteurs, devenir un présentateur et un orateur hors pair ou s'assurer qu'elle envoie des messages clairs et sans équivoque récoltera les fruits de son apprentissage du langage non verbal.

3. *Demandez un Feedback*

Il est parfois difficile de percevoir ce que notre corps manifeste réellement, en particulier lorsque nous sommes au premier stade du processus de prise de conscience. Êtes-vous vraiment énergique ? Ou êtes-vous plutôt enclin à vous refermer sans vous en rendre compte ?

La rétroaction est importante pour comprendre le message que vous envoyez, et pas seulement celui que vous croyez émettre. De plus, il vous permettra d'interpréter correctement les propos des gens qui vous entourent.

Si vous n'avez pas de mentors ou de collègues disposés à vous aider, faites appel à vos amis et à votre famille.

4. *Exercez-Vous*

La communication non verbale est une compétence qui doit être entretenue au fil du temps. Ce n'est pas une compétence que l'on peut acquérir d'un coup de baguette magique et cesser de s'avachir pour toujours ! (Votre mère sera d'accord avec moi.)

Il est nécessaire de mettre ces techniques en pratique autant que vous le pouvez. En lisant ce livre, ou même ce chapitre, vous avez appris un certain nombre de mesures simples à adopter. Vous reconnaissez maintenant que le fait de se tenir droit (plutôt que de s'avachir) accroît la confiance en soi. Donc, n'hésitez pas à vous redresser si vous êtes assis.

Vous savez qu'un sourire (authentique) a un effet de rétroaction positif. Souriez. Lorsque le livreur se présente à la porte, penchez la tête vers l'avant. Lorsque votre oncle devient irritable pendant une fête familiale, placez-vous de biais par rapport à lui si vous ressentez le besoin de lui expliquer pourquoi il a tort.

La communication non verbale est comme plusieurs autres compétences : plus vous les exercerez régulièrement, plus vous les maîtriserez. Étiez-vous parfaitement stable la première fois que vous avez enfourché un vélo ? Que s'est-il produit lorsque vous avez conduit une voiture pour la première fois ? Avez-vous été un véritable champion-nageur dès que vous vous êtes jeté à l'eau ? Même les nageurs olympiques ont besoin de s'entraîner à répétition.

Il est possible que vous ne soyez jamais la personne la plus remarquée de votre entourage. Vous ne parviendrez peut-être jamais à deviner ce qu'une personne dira avant même qu'elle n'ouvre la bouche. Toutefois, vous pourrez gagner en notoriété et mieux comprendre ce que les gens vous disent. Ainsi, vous pourrez clarifier vos propres messages.

S'améliorer, c'est mieux que rien !

Le Quotient Émotionnel (QE) : tout aussi Important que le Quotient Intellectuel (QI)

La plupart des gens sont familiers avec le QI, ou quotient intellectuel, en tant que mesure de l'intelligence. En revanche, connaissez-vous le QE, ou le quotient émotionnel ? Il n'existe pas de tests classiques pour évaluer le QE. Les personnes émotionnellement intelligentes sont en mesure de comprendre leurs propres émotions et de faire preuve d'empathie à l'égard d'autrui. Le QE est une compétence importante à développer lorsque vous souhaitez améliorer vos relations avec votre entourage ou même avec vous-même. En effet, comme pour le sourire, il existe une boucle de rétroaction entre vos expressions, votre langage corporel et ce que vous ressentez.

Votre QE se compose de quatre éléments directement liés au langage corporel.

1. *La Conscience de Soi*

Afin de pouvoir lire et comprendre les gens, vous devez d'abord vous connaître vous-même. Quelles sont vos sources d'irritation ? Quels sont vos mécanismes d'évitement ou de protection ? Comment agissez-vous lorsque vous êtes fatigué, irrité ou frustré ? La conscience de soi, c'est la capacité de se voir comme si l'on était une personne différente, c'est-à-dire que l'on peut constater ce qui nous fait réagir.

Lorsque vous êtes conscient de vous-même, vous pouvez vérifier si votre communication non verbale transmet le bon message. Voulez-vous paraître sûr de vous ? Regardez si vous vous tenez droit, la tête haute.

2. *La Gestion de Soi*

L'autogestion est votre capacité à contrôler vos actions. Vous pouvez être fatigué, ennuyé et frustré, mais vous ne voulez pas toujours le manifester. Vous vous maîtrisez, même si vous éprouvez l'envie de vous emporter, physiquement ou verbalement.

Il est évident que si vous ne parvenez pas à contrôler vos actions, vous ne pourrez pas communiquer votre langage non verbal comme vous le souhaiteriez. Lorsque vous êtes frustré, vous pourriez sourire, sachant que cela crée une boucle de rétroaction positive.

3. *La Conscience d'Autrui*

Nous espérons que la lecture de ce livre et les exercices pratiques qui vous sont proposés vous permettront d'améliorer votre capacité à lire les gens. Il vous est possible d'être sensible aux besoins et aux sentiments des gens et de réagir en conséquence.

La capacité à lire votre entourage repose en grande partie sur le langage corporel. En effet, les émotions s'expriment généralement de manière non verbale, et vous devriez être en mesure d'interpréter ces indices. Vous comprendrez ainsi leur message et leur motivation.

4. *La Gestion des Relations*

Êtes-vous apte à interagir avec d'autres personnes ? Plus vous maîtriserez la gestion relationnelle, plus vos relations auront tendance à s'améliorer. Que vous soyez introverti et que vous opériez avec une petite équipe, ou extraverti disposant de nombreux contacts lorsque vous avez besoin de discuter, un réseau social est essentiel au bonheur de l'être humain.

En ce qui concerne le langage corporel, vous devrez modifier et ajuster votre posture et vos gestes en fonction de la situation.

Dans les relations, en particulier au travail, cinq émotions ont tendance à se manifester. Il existe des expressions communes à ces cinq émotions que vous pouvez apprendre à reconnaître.

1. La Confiance

Connaissez-vous un collègue qui a confiance en lui ? Quelqu'un qui manifeste toujours, ou presque toujours, un sentiment d'assurance ? Réfléchissez à la façon dont vous observez le comportement de cet individu. Il est probable qu'il marche d'un pas décidé et qu'il donne une poignée de main ferme. Il est détendu, son corps est ouvert et ses gestes sont libres. Il établit un contact visuel qui suggère qu'il souhaite entendre ce que vous avez à dire.

2. La Nervosité

Par contraste, connaissez-vous quelqu'un qui cligne des yeux ou qui détourne souvent le regard ? Cette attitude n'est pas synonyme de confiance en soi, n'est-ce pas ? Cette personne est plutôt encline à vous donner une poignée de main hésitante plutôt qu'une poignée de main ferme.

Sa démarche est incertaine et, lorsqu'elle est debout (ou assise), vous remarquerez probablement qu'elle croise fréquemment les bras sur sa poitrine.

3. *La Défensive*

Ces individus ont également tendance à se croiser les bras sur la poitrine! Ils ne vous regardent pas non plus dans les yeux, préférant fixer le sol. S'ils gesticulent avec leurs mains, leurs gestes demeurent discrets et modestes. Leurs mains et leurs visages sont tendus et crispés. Il est également probable qu'ils se détournent de vous.

4. *L'Ennui*

Ces personnes n'ont aucune envie de vous écouter ou d'entendre vos propos, de sorte qu'elles ne vous regardent pratiquement pas, voire pas du tout. Leur regard est parfois éteint ou vide, et leurs crayons sont occupés à griffonner, en supposant qu'ils ne sont pas plongés dans leur téléphone.

Ils ne se tiennent pas correctement et s'avachissent lorsqu'ils sont en position assise.

5. *L'Action de Réfléchir (avant de s'exprimer)*

La rupture du contact visuel n'est pas toujours négative. Elle peut simplement indiquer que la personne réfléchit. Dans ce cas, elle regarde souvent au loin, là où se trouve la réponse, ou lève le regard vers le haut.

Les gens font de nombreux gestes de la tête et des mains lorsqu'ils réfléchissent. Outre le fait de regarder au loin, ils inclinent souvent la tête. Ils peuvent se caresser le menton, l'appuyer sur leur main ou poser une joue sur leur main.

Une fois qu'ils ont terminé leur réflexion, leur regard revient vers vous.

Résumé du Chapitre

La capacité à lire le langage corporel, et à harmoniser votre message verbal avec votre communication non verbale, demande de l'entraînement.

- La communication non verbale est en grande partie une compétence à exercer ou se perdre.
- Il existe sept façons de s'entraîner à communiquer, notamment en changeant de position si la situation devient conflictuelle et en détournant le regard pour réfléchir avant de s'exprimer.
- Vous pouvez utiliser le langage corporel de onze façons différentes pour modifier ou améliorer votre propre personnalité et votre humeur. Adoptez une posture de pouvoir pour accroître votre confiance, croisez les bras pour surmonter un problème complexe et mâchez un *chewing-gum* pour améliorer votre vigilance.
- Il existe quatre façons d'améliorer votre capacité à lire le langage corporel au quotidien, et ces méthodes impliquent notamment de recueillir des *feedbacks* et d'avoir un désir sincère d'apprendre.
- Le langage corporel exprime souvent des émotions, et plus votre intelligence émotionnelle (QE) est élevée, plus vous parviendrez à interpréter ce que les gens vous communiquent.
- Certaines émotions et humeurs apparaissent fréquemment, comme l'ennui et l'attitude défensive. Elles ont toutes des signaux que vous pouvez apprendre à reconnaître, comme l'absence de contact visuel et les gestes que les gens font avec leurs bras.

LE MOT DE LA FIN

La gestuelle est un élément important de la communication entre deux êtres humains. Pour quelles raisons croyez-vous que les gens aient tant de mal à interpréter les courriels et les *SMS*? Parce que le langage corporel n'est pas perceptible! Il est même préférable de parler au téléphone, car le ton de la voix est un indice précieux pour saisir le message de la personne qui parle. En l'absence de communication non verbale, les conversations sont susceptibles d'être mal interprétées.

Pour être en mesure de lire le langage corporel d'une autre personne, il faut d'abord être conscient des messages que l'on envoie soi-même. Après avoir lu ce livre, vous vous êtes peut-être aperçu que vous vous avachissez souvent, et cela donne l'impression que vous manquez de confiance en vous. Ou peut-être que vous croisez vos bras sur votre poitrine, ce qui vous confère une attitude défensive.

Heureusement, comme vous l'avez découvert, la communication non verbale vous permet aussi de vous transmettre des messages à vous-même! Si vous souhaitez vous montrer plus confiant, vous pouvez opter pour une posture de pouvoir pendant une ou deux minutes en privé, les jambes à l'écart et les mains sur les hanches. Lorsque vous

vous sentirez grincheux, vous choisirez de sourire, sachant que ce geste indique à votre cerveau que vous êtes heureux.

Le langage corporel vous aide à résoudre des problèmes complexes. Lorsque vous êtes bloqué, vous pouvez vous allonger sur le dos et croiser les bras sur votre poitrine, car ces mouvements stimulent votre détermination et votre créativité. C'est exactement ce qu'il vous faut pour trouver vos réponses !

Pour de nombreuses personnes, la perspective de parler ou de faire une présentation en public est terrifiante. Or, dans ce livre, je vous ai livré le secret : simuler l'assurance. Vous saurez désormais comment utiliser un langage corporel confiant, non seulement pour accroître votre propre confiance, mais également pour attirer l'attention de votre auditoire. Vous aurez peut-être besoin de quelques postures de pouvoir en coulisses, mais vous choisirez d'avancer d'un pas ferme jusqu'au podium ou à l'estrade. Vous vous tiendrez droit, le corps ouvert, et vous établirez un contact visuel avec les membres de l'auditoire pendant que vous parlez. Votre poids reposera fermement sur vos deux pieds, de sorte que vous ne vacillerez pas.

Tous vos mouvements seront effectués de manière consciente. Vous utiliserez vos mains pour accentuer votre discours et vous exprimer. Une fois que vous serez suffisamment à l'aise avec votre texte, vous quitterez l'estrade et vous vous approcherez de votre auditoire. Vous savez maintenant qu'il faut se tenir immobile pour présenter votre point de vue, puis bouger à nouveau. Et vous sourirez, car vous savez que les gens réagissent à la cordialité et à la gentillesse.

La plupart de ces techniques vous seront également utiles lorsque vous rencontrerez des gens pour la première fois. Simuler la confiance en soi est tout à fait acceptable, car vous vous sentirez plus confiant au fil du temps. En feignant la confiance, vous vous sentirez plus sûr de vous, ce qui vous permettra de charmer votre auditoire, telle une spirale ascendante.

Les gens souhaitent faire connaissance avec les personnes qui les mettent à l'aise et les accueillent. Lorsque vous rencontrerez une personne, vous lui donnerez une poignée de main ferme, sans être écrasante, et vous inclinerez la tête vers l'avant, ce qui témoignera de votre intérêt pour elle. Vous serez attentif à la personne, sans utiliser vos bras ou tout autre moyen pour faire écran entre votre corps et la personne à qui vous parlez. En maintenant le contact visuel, vous hocherez la tête de manière reconnaissante et vous amènerez la personne à parler d'elle-même, car ce sujet est le préféré de quiconque et vous rendra instantanément plus sympathique !

Maintenant que vous connaissez votre propre mode de communication non verbale et que vous avez exercé vos propres mouvements, vous pourrez vous servir de ces mêmes compétences pour interpréter plus efficacement le langage d'autrui. Vous comprendrez ce qu'ils vous disent et vous ressentirez ce qu'ils éprouvent en reproduisant leurs mouvements.

Désormais, vous le remarquerez rapidement lorsqu'une personne n'est pas à votre écoute, car elle ne vous regardera pas de face et que ses bras (et ses jambes aussi !) seront croisés. Ou peut-être se protègera-t-elle en tenant un sac ou un porte-documents devant elle, comme un bouclier. Si vous voulez établir un lien avec elle, vous devrez d'abord les inciter à s'ouvrir. Proposez-lui un verre pour lui permettre de se décontracter.

Vous pourriez opter pour une autre solution en affichant un langage corporel ouvert et accueillant. Toutefois, même si vous adoptez l'attitude la plus amicale, la plus cordiale et la plus charismatique qui soit, il y aura toujours une personne qui ne vous aimera pas. Pour gagner du temps ou pour rencontrer quelqu'un qui s'intéresse vraiment à vous, vous pourrez ainsi vous adresser à un autre interlocuteur.

Une personne qui souhaite vous écouter affichera un sourire sincère et se tournera vers vous avec ses bras, ses pieds et son corps. Elle vous regardera dans les yeux et semblera détendue, au lieu d'être tendue.

Si vous rencontrez une personne rigide, en colère ou frustrée, vous verrez ses poings se serrer. Vous ne souhaiterez pas vous approcher de trop près, car cela pourrait être interprété comme une confrontation ou une menace. Par conséquent, vous choisirez de vous tenir à un certain angle, comme si vous étiez un top-modèle. Vous lui ferez toujours face, et pas de front, ce qui diminuera le niveau de menace. En supposant que vous n'évitiez pas complètement cette personne, ce qui serait également une bonne option !

L'Essentiel à Retenir

Rappelez-vous que la communication non verbale est une compétence qui s'apprend. Ce n'est pas une compétence innée. Avec de l'entraînement et un *feedback* constant, vous parviendrez à améliorer votre propre langage corporel et votre capacité à interpréter celui de votre entourage.

Vous pourrez vous exercer avec vos amis et votre famille. Si vous avez des collègues de travail sympathiques, invitez-les également à participer à l'exercice. De cette façon, vous recevrez des indications sur la façon dont vous envoyez ou interprétez les messages, et vous apprendrez si vous êtes sur la bonne voie ou non.

Vous pourrez également vous entraîner à décoder les gens lorsque vous serez en déplacement. Vous n'obtiendrez peut-être pas de *feedback*, mais vous renforcerez tout de même les indicateurs que vous recherchez. Vous devrez vous tenir à une distance suffisante pour ne pas entendre ce que les gens se disent. Analysez leur langage corporel. Sont-ils sur la défensive ? Est-ce qu'il s'agit d'un couple qui se dispute ou qui profite du moment ensemble ?

C'est en forgeant que l'on devient forgeron, et la démarche sera amusante ! La communication non verbale est une compétence qui permet d'approfondir vos relations avec les gens, de devenir un meilleur orateur et un communicateur plus efficace, ainsi que de vous améliorer en tant qu'ami et collègue.

RÉFÉRENCES

« 9 Powerful Body Language Tips To Instantly Boost Your Confidence. » (11 avril 2019). À partir de https://liveboldandbloom.com/10/self-confidence/confident-body-language

« Body Language: Six non-verbal ways to command attention. » (20 février 2019). À partir de https://www.creativeboom.com/tips/body-language-six-non-verbal-ways-to-command-attention/

« Harnessing the power of body language to deliver captivating speeches and presentations. » (27 mai 2015). À partir de https://www.bytestart.co.uk/body-language-speech-presentation.html

« How to engage your audience with the right body language. » (13 mai 2016). À partir de https://wisembly.com/en/blog/2016/05/13/engage-audience-body-language

« Leadership 101 : How to Command Respect Through Body Language. » (17 juin 2009). À partir de https://www.comparebusinessproducts.com/fyi/leadership-101-how-command-respect-through-body-language

« Parts-of-the-body language. » À partir de http://changingminds.org/techniques/body/parts_body_language/parts_body_language.htm

« Study Body Language. » À partir de http://www.study-body-language.com/

« The Charisma Myth: Summary & Review. » À partir de https://thepowermoves.com/the-charisma-myth/#Charismatic_Body_Language

« Trustworthy Body Language. » À partir de http://changingminds.org/techniques/body/trustworthy_body_language.htm

An, S. « 7 Body Language Tricks to Become Likeable in the First Meeting. » (27 mars 2019). À partir de https://www.shoutmeloud.com/body-language-tricks-become-likeable.html

Bortnicker, C. (4 mars 2011). « What Steve Jobs' Body Language Means for Apple Stock. » À partir de http://www.minyanville.com/mvpremium/what-steve-jobs-body-language/

Bradberry, T. « 15 Body Language Blunders That Make You Look Bad. » À partir de https://www.talentsmart.com/articles/15-Body-Language-Secrets-of-Successful-People-2147446605-p-1.html

Fletcher, J. « The Important Connection Between Body Language and EQ. » À partir de https://www.linkedin.com/pulse/important-connection-between-body-language-eq-joan-fletcher

Fremont College. (8 mars 2018). « How to Read Body Language - Revealing Secrets Behind Nonverbal Cues. » À partir de https://fremont.edu/how-to-read-body-language-revealing-the-secrets-behind-common-nonverbal-cues/

Haden, J. (17 mai 2018). « 8 Powerful Ways to Improve Your Body Language. » À partir de https://www.inc.com/jeff-haden/8-powerful-ways-to-improve-your-body-language.html

Haden, J. (19 février 2019). « A Body Language Expert Analyzed Popular TED Talks to Uncover the Top 5 Nonverbal Cues. » À partir de https://www.inc.com/jeff-haden/a-body-language-expert-analyzed-popular-ted-talks-to-uncover-top-5-nonverbal-cues.html

Haden, J. (17 mai 2018). « Science Says These 11 Body Language Secrets Will Make You More Successful. » À partir de https://www.inc.com/jeff-haden/science-says-these-11-body-language-secrets-will-make-you-more-successful.html

Henry, Z. (14 mai 2015). « 5 body-language tricks of billionaire entrepreneurs. » À partir de https://www.businessinsider.com/body-language-of-success-ful-people-2015-5 international=true&r=US&IR=T

Hindy, J. (3 janvier 2018). « Top 20 Body Language Indicators. » À partir de https://www.lifehack.org/articles/communication/top-20-body-language-indi-cators.html

Jalili, C. (25 janvier 2019). « How to Tell if Someone is Lying to You, According to Body Language Experts. » *À pa*rtir de https://time.com/5443204/signs-lying-body-language-experts/

Kahnemann, D. (2011). « *Thinking Fast and Slow.* » New York: Farrar Strauss Giroux.

Kinsey Goman, C. (13 février 2012). « Seven Tips for Effective Body Language on Stage. » *À* partir de https://www.forbes.com/sites/ca-rolkinseygoman/2012/02/13/seven-tips-for-effective-body-lan-guage-on-stage/#41048061536d

Kinsey Goman, C. (26 août 2018). « 5 Ways Body Language Impacts Lea-dership Results. » *À* partir de https://www.forbes.com/sites/carolkinseygo-man/2018/08/26/5-ways-body-language-impacts-leadership-results/

Krauss Whitbourne, S. (30 juin 2012). « The Ultimate Guide to Body Language. » *À partir de* https://www.psychologytoday.com/intl/blog/fulfillment-any-age/201206/the-ultimate-guide-body-language

Laliberte, M. (29 septembre 2017). « 8 Ways to Use Body Language to Build Trust. » *À partir de* https://www.rd.com/advice/relationships/body-language-trust/

Matthews, N. (19 février 2015). « How to Act Like the Most Powerful Girl in the Room. » À partir de https://www.elle.com/life-love/tips/g25706/how-to-fake-confidence-body-language

Mejia, Z. (6 septembre 2018). « What Sheryl Sandberg's and Jack Dorsey's Capitol Hill testimony can teach anyone about reacting under pressure. » À partir de https://www.cnbc.com/2018/09/06/sheryl-sandberg-jack-dorsey-body-language-tips-congressional-hearing.html

Misner, I. (7 mars 2013). « 4 Body Language Cues You Need to Know When Networking. » *À partir de* https://www.entrepreneur.com/article/227257

Misner, I. (11 juillet 2018). « How to Display the Ideal Body Language When Networking. » *À partir de* https://www.entrepreneur.com/article/315358

Oakey, M. (12 avril 2017). « How To Speed Read Body Language With Igor Ledochowski. » À partir de http://www.yourcharismacoach.com/blog/how-to-speed-read-people-master-hypnotist-igor-ledochowski-shares-his-secrets/

Patton, M. (19 décembre 2014). « 7 Scientifically Proven Steps to Increase Your Influence. » *À partir de* https://www.entrepreneur.com/article/240960

Riggio, R. (15 juin 2011). « Reading Body Language: It's Not Easy, But You Can Improve. » *À* partir de https://www.psychologytoday.com/intl/blog/cutting-edge-leadership/201106/reading-body-language-it-s-not-easy-you-can-improve

Roysam, V. (8 novembre 2016). « 3 Things You Didn't Consider While Reading Body Language. » À partir de https://yourstory.com/2016/11/3-body-language-misconceptions

Sheffield, T. (10 juin 2016). « 9 Body Language Tips That Make People Want To Be Around You More. » À partir de https://www.bustle.com/articles/166064-9-body-language-tips-that-make-people-want-to-be-around-you-more

Thomas, J. (28 juillet 2018). « Unconfident Vs. Confident Body Language. » À partir de https://www.betterhelp.com/advice/body-language/unconfident-vs-confident-body-language/

Wertheim, E. « The Importance of Effective Communication. » À partir de https://docplayer.net/9673598-The-importance-of-effective-communication-edward-g-wertheim-ph-d-northeastern-university-college-of-business-administration.html

Printed in France by Amazon
Brétigny-sur-Orge, FR

15686978R00089